個人
M&Aの
スス

Recommendation on
Mergers and
Acquisitions
for Individuals

喜
ki

幻冬舎 MC

今の仕事は楽しいですか？

楽しいと思えない方。会社を辞めましょう。
……と、僕は一概には言えません。

毎月の収入がなくなれば、どうなるでしょう。
生活費が少ない。家族を養えない。車や家のローンも払えない。
辞めたはいいが転職先は決まらないかもしれないし、独立は失敗するかもしれません。

今の仕事を辞めたからといって、やりたい仕事ができるようになって、収入も増えて、人間関係も良くなり、定時に帰れるようになる等の保証はどこにもありません。

会社を辞めたらすべての人が成功するとは一概には言い切れません。


この本は人生が成功する方法を指南する、いわゆる成功本ではありません。

この本の目的は、今、仕事について悩まれている人、転職しようか悩まれている人、そして、会社を買おうか悩まれている人に私の体験を事実として確認していただき、判断材料として見ていただきたいということです。

そして一歩を踏み出せずにいる方への応援の意味も込めて書くことにしました。

良いところも悪いところも、人とお金に関して書きますので、参考になればと思います。


まずは自己紹介をします。

私は中田聡喜と申します。出身は島根県浜田市です。島根県浜田市は過疎化の進行が著しく、ついには地元のメインストリートの信号が赤点滅信号になってしまいました。

高校は農業高校で甲子園を目指して野球ばかりやっていましたし、大学は地方の私立大学でここでも野球ばかりやっていました。偏差値は高くありません。新卒で大手外食チェーンに入社。会社員として8年間マネージャーを務めました。在籍中に1冊の本との出合いをきっかけに個人で会社をM&A（エムアンドエー）させていただき、現在は新卒で入った会社を辞め、転職し企業に勤めながら、M&Aを行った合同会社の代表を務めています。

という感じで、経歴は特に書くことがありません。そのような私が個人で会社をM&Aをするに至りました。私がM&Aをどのような経緯で、どのような手順で行ったのか、M&Aの失敗談、実際に買った後の会社の現状までしっかり書きたいと思います。

私の体験を身近に感じていただけたら嬉しいです。

私は、生きていくうえでとても重要で貴重なものは、様々な人との出会いだと考えています。人は、人と出会うことで考え方や生き方が変わり、人生が変わってゆくものです。そして、それは本にもいえることだと思います。私が人生で感化された本や転機となった言葉を要所要所で紹介させていただいています。これもご参考になれば幸いです。

私自身の仕事の経験からなるスタンスは、**『好きな仕事ではなくても、いったん全力でやってみる』**。これを貫いてきました。

ただし大前提として、精神的にも参ってしまうような辛い仕事はすぐ辞めましょう。仕事は何でもありますから。

しかし、人が嫌いと感じることは、イコール知らないことである場合が多いです。いわゆる食わず嫌いというやつです。

ちなみに私は、仕事を楽しんでいます。前職も、今もです。なぜなら、置かれた立場と仕事に全力投球しているからだと思います。しかし、〝自分が好きな〟

天職かどうかはまだ分かりません。その仕事を本当に経験するまで、自分が好きな仕事かどうかは分からないからです。

ですが、どのような仕事を行うにしても目指すゴールは一緒です。それは、**仕事を通じて世の中の人々に〝幸せになってもらう〟**ことです。私はこのゴールを目指して、どの仕事も全力投球してきました。

例えば、私は飲食店の運営を行っていましたが、接客は好きではありませんでした。料理も苦手です。

しかし、私は好き嫌いを考えず、目の前のことを全力投球でやりました。そうすることで、それまで食わず嫌いをして見えていなかった良い部分や、楽しい部分を多く発見できました。

このような体験は誰もがあることだと思います。『好きな仕事ではなくても、いったん全力でやってみる』。これが私の仕事、生き方のスタンスとなっています。

M&Aだって例外ではありません。頭からできないとか失敗するとか思わずに、サイトに登録するといった小さなことからはじめました。
この本を手に取ってくださった方にとって、新たな人生の一歩を踏み出すきっかけや、M&Aに挑戦する際の参考に少しでもなれば幸いです。
ストーリーとして楽しみたい方は第1部から、個人M&Aの流れが知りたい方は第2部から、M&A後にどのような事業展開を行ったかを知りたい方は第3部からお読みください。

「下足番を命じられたなら日本一の下足番になってみろ。そうしたら誰も下足番にしておかぬ」

小林一三

小林一三さんは阪急電鉄の創業、宝塚唱歌隊（現・宝塚歌劇団）、阪急百貨店の設立など今の私鉄経営モデルの原型を創られた方で有名です。しかしながら、小林一三さんの人生は決して順風満帆ではありませんでした。

慶應義塾大学を卒業後、小林一三さんは銀行員として勤めます。成績は優秀で新しく設立予定の証券会社の支配人になるため34歳の時に銀行から証券会社に移る予定でした。しかしながらこのタイミングで恐慌に見舞われ証券会社設立の話がなくなり失業してしまうことになります。

小林一三さんはこのことに屈せず鉄道の私鉄化が計られていた鉄道業界に目をつけ私鉄の株式取得に奔走し銀行の上司を説得し現・阪急電鉄の専務として鉄道業界をリードするまでに至ったのです。また、当時の鉄道は乗客が少なくその施策として阪急百貨店や宝塚歌劇団を設立しました。

まさに目の前のことに全力で取り組むことで次やることが見えてくるということを実現された方だと思います。

目次

第2部　会社を買う

第1部　M&A以前

M&Aとは

M&Aとは「Mergers（合併）and Acquisitions（買収）」の略です。

もともと違う会社が一つになったり（合併）、他の会社を買ったりすること（買収）を指します。また広義の意味として、企業の合併・買収だけでなく、提携までを含める場合もあります。私が以前に勤務していた会社は積極的にM&Aを行っていたため、なんとなく用語は知っていましたが、具体的にどのような人がどのような金額で、どのようにM&Aをしているかなどは全く知りませんでした。最近はポジティブなイメージになっているM&Aですが、以前は事業が「乗っ取られる」というようなネガティブなイメージも少なからずありました。

私が実際に個人でM&Aを体験していく中で、様々なメリットとデメリットを感じましたが、まずは、それぞれ一点ずつご紹介したいと思います。

個人でM&Aをすることのメリットは、**ゼロから起業する場合に比べて事業開始までの時間が短い**という点です。自ら起業する場合、非生産的な準備期間が長くかかってしまうものです。例えば、飲食店を経営しようとすると、テナントを探すところからはじまります。ほとんどの人は自分の家よりも家賃が高いところを決めなければならないので、慎重にならざるを得ないのではないでしょうか。

また、借りたテナントは飲食店用にリノベーションしなければなりません。ここでさらに時間がかかってしまいます。そして営業に必要な機器類。その選定も自分で行わなければなりません。このように、飲食店の場合、開業に不可欠なテナント選びだけでも、多くの時間を要します。さらには食材ルートを確保したり、従業員を募集したりと準備はまだまだ続きます。

その点、M&Aでは、そのすべてが最初からある程度揃っています。会社を買ったその日から営業ができます。こんなに恵まれた環境はないといえるのではないでしょうか。

一方、個人でM&Aをすることのデメリットは、人物・モノ・金・情報、すべてにおいて〝見えない部分〟があるということです。どういうことか説明しますと、ゼロから起業する場合は、取り扱う製品から取引先様、人間関係まで、一つひとつの工程を自ら積み上げていくため、会社のことを一番知っている、自分にとって最もやりやすい状況にあります。それと比べると、〝自分が一番知らない〟状態からスタートするのがM&Aだともいえます。従業員や取引先、仕入れルートや財務、取引銀行などに関して、ありとあらゆるものが自分の知らない状態からスタートするのです。これはビジネスを進めていくうえで第一のハードルであり、さらにこのハードルで会社がこけてしまうことも十分にあり得ます。そのため、M&Aでは最初の交渉がはじまってからの情報収集が特に重要になると考えます。

このように一長一短あるM&Aですが、個人でM&Aを行った体験記として、私の会社員時代のエピソードも交えながら書き綴っていきたいと思います。

大学時代の出会いと教訓

せっかく大学に入ったのだからという理由で、私は教職課程を有する学科を専攻しました。大学2年生までは、特に教員になろうと思っていたわけではありません。私は人と話すのがあまり得意ではありませんでした。しかし、この学科を専攻すると接する人の数が多いため、あまりいい気持ちでは専攻していませんでした。

大学3年生になると行く教育実習も、億劫だと思いながら2年生までを過ごしました。ですがそのような私が大学を卒業する時には、いつかは何らかの形で教育現場に関わりたいと思えるようになっていました。

きっかけは、大学3年生の時に中村文昭さんの講演会を聴いたことです。講演会といっても、同じ学科を専攻していた友人に勧められてDVDで観ました。中村さんは三重県でブライダルレストラン『クロフネ』を経営されている方で、引きこもりの人と一緒に農業を行うことで自立を支援する「耕せにっぽん」という会社を運営されたり、全国の輝いている先生を応援し、教育の発展を目指す「あこがれ先生プロジェクト!!」といった企画も手掛けていらっしゃいました。講演の内容は、中村さんが若い頃に出会った師と仰ぐ実業家の方から人としてどう生きるべきかを学んだ話でした。その中で出てきた言葉に「頼まれごとは試されごと」というものがありました。

「人はできると思う人にしか頼んでこない。頼まれたからには**相手が思い描いている着地予想を上回ること**」。中村さんは、これを実践することにより自分の人生を創造されていました。単純な私はこの言葉が妙に腑に落ちてしまい、すぐに実践することにしたのです。私はまず、「常に目の前の人を大切にすること」をモットーとして掲げました。目の前の友人や家族、アルバイト先の方々、そして億劫だと思っていた教育実習の現場、ありとあらゆる目の前の人を徹底して大切にしました。相手に頼まれごとをされたら、まず「この人は自分がこのくらいやってくると思っているのだろうな」と考えます。そのうえで、期待された以上の成果を届けることを必死に考えて実行しました。

大学1年生の時からなんとなく続けていた宅配ピザのアルバイトは、これを境に相手の予想を上回ることだけを考えて働き出しました。お客様からオーダーを受け、ピザを作って配達を行う簡単な作業です。中村さんの話を聞く以前は、ごく普通に働き、時間が過ぎるのを待つだけのアルバイトでした。

しかし、中村さんの話を聞いてからは、注文されたピザを猛スピードで作り上げ、最短ルートで一秒でも早くお客様に届けようと心に誓って行動するようにしました。オーダーの電話を切った瞬間、私の中で「スタート」の合図が鳴ります。ピザの生地を最速で伸ばすにはどうするかを考え、トッピングはどうしたら一発で適正量が盛れるのか、手の感覚を使って試行錯誤しました。

最速で届けるには信号を含めどのルートが最短なのかを徹底検証しました。アルバイトは大学の4年間ずっと続けましたが、最終的には手の感覚でグラム数が分かるようになり、ルート内の信号機は何秒で変わるかなどすべて覚えていました。お客様は、お店から自分の家までの距離をある程度分かっていますので、お届けした際の「はやっ！」という笑顔の反応は、自分にとって最大の褒め言葉になっていました。自分の行動が人をこんなに笑顔にできるんだと、初めて思えた瞬間でした。

億劫だと思っていた教育実習も、中村さんの話を聞いた後は「人の倍動こう」と決めて行きました。担当してくださる先生からの課題は回答を何パターンも作り、生徒には普段先生が行っているコミュニケーションの2倍話しかける。お世話になった野球部には毎日顔を出し、徹底的に練習に付き合いました。「仕事の報酬は仕事」と言われますが、教育実習に熱心に取り組むほど、教師としてより大きな業務について教えていただいたり、生徒からの相談も増えていき、大変密度の濃い充実した教育実習になったことを覚えています。

ちなみに中村さんのお話の中で、ジュースのお遣いでも走って買う、相手が思っているより早くジュースを届けるという話があるのですが、もちろんそれもやっていました（笑）。

このような事例をたくさん繰り返していくと、次第に周囲の反応が変わっていくのを実感します。周りの方がどんどん笑顔になっていくのです。

それを見て自分も自然と笑顔になる。億劫だと思っていた教育実習は、こんなにも面白いものなのか、と感じるようになりました。このような経験から、「自分も多くの方を笑顔にしたい」という想いが膨らみ、いつしか教育現場に関わりたいと思うようになりました。

そして、大学を卒業しそのまま先生になるか、社会経験を積んでから先生になるか、周りの方にとってどちらがプラスになるかを考えた結果、後者を選択しました。

当時、様々な技術の発展に伴い、これからの人間にとって必要なものは従来の知識を詰め込む教育ではないと感じていました。本当に大切なのは、何より自分の人生を楽しみ、自己実現のために実際に行動できる力を身に付けるための教育だと思います。そのために自らが社会経験を積み、酸いも甘いも自分の経験として話せるようになることが必要だと思い、一般企業に就職することを選びました。就職先は人との繋がりを大切にしている企業を志望し、会社説明会で熱を帯びていた大手外食チェーンから内定をいただき、就職することを決めました。

「頼まれごとは試されごと」 中村文昭

三重県出身の中村文昭さんは、上京した理由を「東京にいることがかっこよく地元の友達にうらやましいと思ってほしかったから」と語っています。東京に住んで地元に帰った時に自慢したい、その一心だったそうです。そんな中村文昭さんが師匠との初対面の会話の中でかけられた言葉は次の通り。

「もし、何十億も稼いでお金が余るほどあったら何に使うんだ？　何のために稼ぐんや？」

中村文昭さんの返事は「いい車に乗りたい、いい家に住みたい、海外旅行に行きたい」だったそうで「お金の使い道は自分のためしかないのか」と叱責されたそうです。

中村文昭さんはこの言葉で我に返り、新しいことをする時は、常に自分が今やることは「何のために」行うのか。仮にお金が稼げた時に「何のために使うのか」を明確にしていると語っておられます。「頼まれごとは試されごと」とはやや話題がずれましたが、どんなことでもその目的や目標を考えて実行すれば、本当に相手を喜ばせることに繋がっていくのだと思います。

オペレーション――細部をおろそかにしない

私は大学時代そのままの気持ちで、社会人1年生になりました。大学時代に掲げた「常に目の前の人を大切にする」という軸を心の中に持ち、社会人としての一歩を踏み出したのです。

入社して最初に教育を受けたことは、店舗でのオペレーション（作業）スピードがいかに大切かということです。特に新入社員はオペレーションの研修を徹底的に行います。具体的には、調理の際に食器を取る動作や、横への移動の仕方、細かいところでは指1本の使い方までチェックされます。フロントでも接客や料理を提供する動作を1秒単位で練習します。

このような教育に、入社当初の私は正直疑問を抱いていました。曲がりなりにも業界1、2を争う企業です。初めに売り上げ向上やシフト管理などを行うと思っていた私は、食器を早く取る動作で1秒を縮めるために何度も練習をしたり、お客様がいらっしゃらない時の姿勢や足の位置まで練習することに何の意味があるのだろうと思っていました。

しかし、私の疑問とは裏腹に、入社後の昇進試験ではこのオペレーション項目が昇進を決めるほどウエイトが高く、オペレーション項目は管理職になるまでずっと試験項目に入っていました。食器を洗うスピードで昇進するかが決まるのです。スピードは身体能力の差だと決めつけ疑問を抱きながらオペレーションをやっていた私は、案の定、最初の試験では１００人中80位とギリギリラインでの合格でした。

ある日、当時の上司に言われました。「試験に受かることが目的になっているでしょ。オペレーションを本気でしていないよね。オペレーションから学ばないという姿勢なら否定はしないけど、なぜ今オペレーションをここまでやっているか考えたのか？　これを自分で考えられるようにならないと、今後の人生での仕事の姿勢は全部そうなるよ」と。私の気持ちが入っていないことが全部ばれていました。

そこでこの言葉を思い出しました。「頼まれごとは試されごと」。たった1秒をこのように言われる意味は、今はまだ分からない。でも、まずは徹底的にやってみようと決めました。その日から、私は毎日13時間オペレーションの練習を行いました。やっていくうちに1秒の大切さに気づきます。

私がいた飲食店は1日で約５００の商品が注文されます。５００の商品のうち一つを作るのに1秒早まると５００秒、約8分間の余裕ができます。食器洗いも同様です。５００商品×1秒早くなるだけでさらに8分、トータル16分の余裕ができます。16分もあればできることはたくさんあります。お客様との会話にその時間を使うこともできます。一言多く必要な接客ができるかもしれません。そして、その接客がお客様の支持を得ることにも繋がっていくのだと感じました。

イチロー選手は「小さいことを積み重ねるのが、とんでもないところへ行くただ一つの道だ」と言います。細部をおろそかにせず一つ一つを大切に積み重ねることがすべての成果に繋がっているのだと実感しました。

また、オペレーションの速さは身体能力だと思っていましたが、それだけではないと感じてきました。体を動かすことを細分化して遅い真因（ボトルネック）までたどり着かないことには速くはならないからです。オペレーションを速くするということは、単に動作を速くするのではなく、遅い原因をその真因まで深く分析する思考を癖づけるものでもあると考えました。

例えば、商品を作る動作が一番速い人に比べて5秒遅かった場合。切る・焼く・盛り付けるなど作業を分解してみます。そして、この中で遅れている工程を探します。例えば、切ると焼くは同じ時間でできていて、盛り付けができていないとします。これを再分解して、野菜を取る・肉を取る・ご飯を盛るのどの作業で遅れをとっているのか、真因にたどり着くまで深掘りし続けます。

この深掘りは、手の角度や膝の使い方など分解できないところまで行います。

こうした分析思考はオペレーションに限ったことではなく、売り上げが落ち込んだ時や自分自身がうまくいかない時など何を行うにも応用可能で、これから数字を扱ううえで思考を鍛える役割も持っていると感じました。
ちなみに、次のオペレーション試験の結果は100人中5位でした。

「小さいことを積み重ねるのが、とんでもないところへ行くただ一つの道だ」　イチロー

私も野球をやっていましたので野球に例えますと、毎日100本の素振りを365日続けると1年で3万6000本ものバットを振ることができます。毎日コツコツと行うことは決して簡単で楽しいものではありませんが、時間の投資をして努力し続けることで、何十年か後に自分の成長を実感できると思います。

私は、毎日小さいことでも何でもよいので1日一つのチャレンジを行っていま す。小さな成功、もしくは失敗を繰り返すことで経験を積もうと考えているので

す。チャレンジすることは何でもよいです。例えば「新しく知った用語を辞書で調べて覚えてみる」「流行っているYouTubeチャンネルを一つ見て流行っている理由を考察してみる」といった頭を使うことや「今日は誰よりも早く会議で手を挙げてみる」「通勤はいつもと違う道を通る」といったささいな行動など、いろんなチャレンジがあります。

人生の大きなターニングポイントがいつ来るかは分かりません。でも、大きなチャンスを前にして成果を出すには日々の準備が大切です。その時に自信を持って力が発揮できるかできないかの差は、それまでの積み重ねの差ではないでしょうか。

回転——何が相手のためになるのか

皆様は「回転」という言葉を聞いてどんなことを思い浮かべるでしょうか。地球が回ることでしょうか、回転寿司のイメージでしょうか、エンジンが回転する光景を思い浮かべますか？　私の会社員時代の「回転」とは24時間店舗で働き続けることです。

社会人生活にも慣れはじめた半年目からは、シフトの管理を行うようになりました。シフトを管理するうえで上司に言われたことは「回転はするな」でした。初めは「回転」と聞いても意味が理解できませんでした。

この「回転」が意味するところは、朝の9時に出勤したら次の日の朝9時までお店で働くことです。私が入社した時代は労務管理がまだ甘い時代でしたから、

「回転」する先輩社員や同期社員は多くいたと思います。そのような中で最初に課せられた上司から私への課題が「回転はするな」でした。

そもそもなぜ「回転」という現象が起こるかというと、慢性的な人員不足に陥っている店舗が多く、根本的に人が足りなかったためです。当時は入社1年目から3店舗程度のシフト管理を担当させられました。右も左も分からない状態ですが、店舗は24時間営業です。全員が全員上手に店舗運営できるわけはなく、そのため「回転」という企業ワードが生まれていました。

実際に私の同期は2回転、3回転する人もいましたし、企業内の伝説ですが先輩には最高で7回転したという方もいました（本当か嘘かは分かりませんが）。余談ではありますが、給料や残業代はしっかり支払われていましたので、入社1、2年目でサラリーマンの平均月収を優に超えている社員もいました。もちろん、今はそのようなことはなく正常な労働環境になっていますが、当時はそのような環境で「回転」をしないことがミッションだったのです。入社半年が経った頃から、本格的に店舗の人員シフトの作成、人員の調整を行います。私は担当する店舗数が6店舗に増えていました。

その時に気づいたことは、回転をしたことがある人と、回転をしたことがない人がいるということです。違いは何かを私なりに分析しました。


1点目は嘘をつかないことです。回転をしない先輩はアルバイトの方からの信頼が厚いのです。そのため、人員不足に協力してくださるアルバイトの方が多くいました。

信頼が厚い、を私なりに紐解くと、嘘をつかないことだと思います。従業員に対してできることとできないことを真摯に受け止め会話をすることだと。

これは、ある日の先輩とアルバイトの方のやりとりです。大学生のアルバイトが、「時給を上げてほしい」と言ってきました。すると、その先輩は第一声で「できない」と返答しました。その後「なぜなら……」と、昇給が難しい理由と、どうしたら時給は上がるのかをしっかりと説明されていました。

相手に嫌われないように「意見は参考にする」など、その場しのぎの言葉でも並べたらいいのにと思ったりもしました。しかし後日、その大学生と話す機会があったので聞いてみると、「はっきり言ってもらえて嬉しかった。良くない点も指摘してもらえて、どこを直せばよいか分かった」と言っていました。

その後も、違うアルバイトの方から「○○さんははっきりものを言ってくれるからありがたい。あいまいな表現で問題から逃げないから分かりやすい」という意見を多く聞きました。私はまずこれを徹底することにしました。できることはできる、できないことはできない。美味しいと思ったら美味しい。美味しくないと思ったら美味しくない。オペレーションが良いと思ったらオペレーションが良い。オペレーションが遅いと思ったらオペレーションが遅い、と。

簡単そうに聞こえるかもしれませんが、マネージャーには意外と難しいことです。9割の人は何らかの嘘をついた経験があると思います。

また、嘘をつくつもりや悪気がなくても、結果的に嘘になってしまう場面は多々あります。なぜなら、複数の店舗を運営しているとトラブルが尽きないからです。例えば、ある店舗に何かを持っていくという約束をしたとします。しかし、約束した日に別の店舗でトラブルが起きたとします。するとその日は約束が果たせなくなり、待っていた従業員からすれば「わざわざ待っていたのに何事だ。嘘をついた」となってしまいます。

私はそのような故意ではない嘘をつかないためにも事前準備をしっかり行い、できない約束はしないことを徹底しました。そうすることで、相手が高校生でも主婦でも年配の方でも、従業員からの信頼が集まってきました。

2点目は仕組みを作ることです。それも〝**ひとりでに良くなる仕組み**〟です。これは先ほどのオペレーションにも通じるところです。オペレーションで学んだように、すべての物事には真因があります。この真因を抑えなければ継続的には良くならず、同じ問題が何度も繰り返し起こってしまいます。

体調が悪い時に置き換えると、体調が悪い時は病院に行くと思います。なぜ病院に行くかというと、それは真因を確認するためです。もし本当は風邪に似た重い病気なのに、病院に行かず市販の風邪薬ばかり飲んでいたらどうなるでしょう。

もちろん容態は良くなりません。

これと同じで、真因の根っこの部分を抑えてしまえば再び同じ問題は起きません。例えば、店舗で問題が発生してお店から連絡がきます。その場しのぎの対応だと「○○の問題は△△でいったん収まるから、とりあえず△△して」という解決の仕方になりますが、真因まで考えている人は「○○が原因なので再発防止策は○○かと思います。同じことが起きないように次からはこうしましょう」、さらに「この店舗で起こっている問題は、他の店舗でも起きているはずなので他の店舗も確認しましょう」と、真因まできちんと処理を行います。

従業員はトラブルが少ない環境のほうが働きやすいので、その分人員も増える傾向になります。その積み重ねが回転をしない仕組み作りに繋がっているのだと感じました。

ひとりでに良くなる仕組みは非常に重要です。これは環境（設備）面と人的面の2面がありますが、まず環境（設備）面を疑うようにしています。なぜなら、どんなにやる気のある従業員が集まっても、設備面に不備があれば良いものは出せないからです。

例えば、ガスコンロが壊れていて、本来は高温で調理したいところを低温で調理してしまっているなどです。この場合どんなにやる気があってマニュアル通り料理を行っても美味しいものは作れません。かなり単純な例ですが、これはすべてのことにおいて共通するもので、ビリギャル（『学年ビリのギャルが1年で偏差値を40上げて慶應大学に現役合格した話』／KADOKAWA）の著書、坪田信貴先生が話していたこんなエピソードがあります。

子育てをしている親御さんは、よく子供に「テレビばかり見ていないで勉強しなさい」と言いますが、その家の導線を考えてみてください。家を買った時、引っ越した時、家具の場所を決める時、まず初めに置き場所を決めるものは何かというと、おそらく大半の方がテレビだと思います。部屋の一番見やすいところにテレビをどーんと置きます。次にテレビが見やすいようにソファーかベッドをどーんと置くんです。

これで子供がテレビばかり見る導線が完成です。これでは子供がテレビを見てしまうのは必然といえます。良くないと思うことがあったら、まずはそういう観点で見てみます。これが環境的に良くなる仕組みを作るということです。

次に人的面です。「三流の先生は問題の解き方を教え、二流の先生は問題の考え方を教え、一流の先生は問題の楽しみを教える」というメンタリストのＤａｉＧｏさんの言葉があります。マネジメントの本には様々なものがありますが、私が大切にしていることはこの考え方です。

楽しくなると自分から能動的に学びたくなったり教えたくなったりしますよね。私が目指すべき、良くなる人的面の仕組みというのはこの「自発性」だと思います。褒める行為は一時的なモチベーションを上げるかもしれませんが、褒められるために何かを行うという、そもそもの目的が変わってしまいます。お互いがいなくなっても自分の足で立って学べる力、これが真に良くなる仕組みだと思います。

「三流の先生は問題の解き方を教え、二流の先生は問題の考え方を教える。一流の先生は問題の楽しみを教える」

DaiGo

私は仕事で新人さんやスタッフさんにトレーニング（指導）する機会があります。その時に意識しているのは、大きく三つに分類される「できない理由」です。

一つ目は「やり方を知らない」。そもそもそれをやるための知識、方法を知らない。例えば「料理のレシピが分からない」等、知識が不足している。

二つ目は「やり方を知っているけどできない」。やり方は分かるが物理的にできない。または経験回数が少なくできない。例えば「料理のレシピは知っているが料理初心者で、頭では分かるが体がついていかず、うまくできない」等、技術経験が不足している。

三つ目は「やり方を知っていて、やればできるのだけれど、やらない」。例えば「料理のレシピも知っていて料理を作る腕もある。ただ、料理を作りたくない気分」等、意欲が不足している。

この三つで厄介なのは、やはり3番目です。知識がなければ教えてあげればよいし、技術がなければ一緒に練習してあげればよい。ただ、意欲がない場合は単純ではありません。意欲を引き出す必要があり、その方法は一人ひとり違います。一度意欲が低下してしまうと回復させるのが難しいのです。

トレーニングを行う際は、まず、この仕事を楽しいと思ってもらえるような説明を心がけ、それを達成するとどうなるかを事前に説明したり見せたりすることにしています。「一流の先生は問題の楽しみを教える」をもとに、自発的に学びたいと思える環境作りが大切です。

人間は環境が先

シフト管理も板についてきた入社4年目の頃、エリアマネージャーとして仕事をさせていただくことになりました。7店舗のマネージャーとして私一人で店舗の運営を行っていました。かなりハードワークですが、エリアマネージャーは7店舗を一人で担当するのがワンパターンとなっていました。このエリアマネージャー時代に、私の会社員人生を大きく変える出来事が発生しました。

ある日、隣のエリアのマネージャーが急な人事異動で海外に転勤することになりました。あまりにも急で、代わりのエリアマネージャーの手配が追いつかず、私は上司から隣のエリアまで担当するよう指示を受けました。ただでさえハードワークなのに、もう1エリア（7店舗）を担当するというのは、とんでもない激務であることが容易に想像できました。毎日7時30分から22時が通常勤務です。多い時は1日16時間働くこともありました。

一人で14店舗を管轄し、各店舗への対応はすべて自分一人がします。その最初の週に新商品の導入がありました。新商品の導入初日は、誰もが作り方に不慣れですから、朝7時頃から各店舗からの問い合わせの電話がかかってきます。電話はなかなか鳴りやまず、30件も立て続けにかかってきたことを今でも覚えています。

新商品の導入日以外も、電話対応だけで午前中が終わることはしょっちゅうありました。私はハードワークに耐え切れず、仕事を辞めることを考えていました。そんな矢先、キングコングの西野亮廣さんによる「天才は環境が先」という言葉に出合います。

「僕たちのアイデアとか哲学とか運動神経は、環境によって支配されている。鳥は空にいたほうが子孫を残せると考えたから羽を生やした。魚は海中にいたほうが子孫を残せると思うからあの形になった。我々人間もそうで陸に上がった動物も陸に上がったほうが子孫を残せるから陸に上がった。そこで生き延びなくてはいけなくなってしまったから手足みたいなものを生やした。つまり、才能は極端な環境によって生まれているということです。環境が先にあって、それに合わせるように才能がにょきにょきって伸びている。なぜかというと、僕たち生き物は、生き延びるようにプログラミングされているので極端な環境を与えたら、その中で生き延びるようになんとか動く。それで、羽を生やしたりとか、手足を生やしたりするということです。つまり極端な才能は極端な環境が作り出している」

ハードワークで仕事を辞めようか考えていた私は、思考の方向を変えてみようと思いました。このような環境での経験は20代の若いうちしかできない。人の2倍の店舗数を同時に担当できるなんて、他の人にはないありがたい環境じゃないかと。その日からどのようにしたら一人で14店舗をスムーズに回せるようになるかを考えました。

私は様々なことを試みました。その中の一つが「リーダーを育成する」ということでした。14店舗に1マネージャーではキャパシティオーバーになってしまうのも当然です。1店舗あたり従業員は約15人在籍していたので、一人で約200人と話をしなければなりません。まずは各店舗の軸となる14人のリーダーを作り、自分一人と14人という組織を構築することを考えました。

しかしそれを行うのも一筋縄ではいきません。他のエリアマネージャーより担当する店舗が2倍多いわけですから、2分の1の時間でリーダーを育成しなければなりません。7店舗の場合ですと通常は週に2回はお店に行って直接教育を行うことができます。しかし現状では、1週間に1回しか行くことができません。私は一度の教育で通常の2倍の効果を発揮させる必要があったのです。

そこで私が店舗に出向いて教育する時の効果を最大化するために、コーチングや教育論などありとあらゆる本を読んで実践していきました。自分と相手にとって最大の効果が発揮できる教育法はどれなのかを何回も試行錯誤しました。その結果、曲がりなりにもしっかりとした組織が構築でき、ハードワークから解放されることができました。

精一杯やった結果、私の教育の引き出しは自然に増え、後により多くの店舗を担当するマネージャーになった時に大いに役立ちました。ちょうどそのタイミングで会社にストアマネージャー制度（1店舗に一人店長を配置する制度）ができ、14店舗のうち私と一緒にトレーニングをしていた方が10名も店長に昇格し、私としても嬉しい結果になりました。

一つの言葉を真摯に受け入れ、発想を変えてがむしゃらに取り組んだことは、私の会社員時代の大きな財産となっています。私は自分を天才ではないと思っているので、西野さんのこの言葉を借りる時は「人間は環境が先」と言わせていただいております。

「天才は環境が先」

西野亮廣

環境を変えることで能力が変わることは大いにあると思います。その能力を身に付けたければ、新しい環境に積極的に飛び込んでいくことを心がけましょう。

例えば、私は英語を話せるようになりたかったので、英語圏の土地に住みました。30歳になってから、前職を退職する際の有給期間中には、1カ月プチ留学に行きました。英語しか通じない環境では、拙くてもどうにか伝わるように英語でコミュニケーションを取らないといけません。周囲から英語を学びに来ている人にも刺激を受けました。事前準備ゼロの状態から留学をスタートしたために何も饒舌に喋れるまではいきませんでしたが、英語を話すことに対する心的抵抗は格段に低くなりました。

興味のあるジャンルを見つけたら、その界隈のコミュニティに思い切って飛び込んでみることは非常に重要だと感じています。

私が仕事をする中で身になった考え方

・上の階層で考える。

仕事をしている時にどの立ち位置で考えたり、意見を述べたりしていますか。自分の立ち位置、部下の立ち位置、上司の立ち位置、どの立ち位置でも考えることが大切です。ここは忘れられがちなところなのですが、私は仕事をする時は一つ上の階層でも考えるようにしています。もちろん私は最終的な話は自分の立ち位置で行いますし、部下の意見を尊重し、実行することが大半です。しかしながら一つ上の階層の方々はなぜこの指示、発言をしているのか、を必ず考えるようにしています。

なぜならば自分の上司は自分よりも優れたところがあるから上司と会社から評

価されているからです。自分と全く違うやり方であっても上司は上司なわけで学ぶところはいくらでもあると思います。そのため自分の意見と合っていない指示だったとしてもなぜこの指示を出しているんだろうと考え「自分だったらこのように伝えるな」という考え方のトレーニングを行います。これをすることで、自分が次に同じような組織や、同じような人数の部下になった時、大きく役に立ちました。そしてこのトレーニングは、経営する側になった時の土台にもなりました。

特に経営は、どんなに従業員の意見や彼らの要求を受け入れても、赤字で給料が支払われなくなったら結果的に従業員たちを不幸にするからです。従業員の意見は取り入れつつ、できる・できないの判断は冷静に、難しいものは難しいとはっきり提示できる存在になることが必要だと考えます。会社がなくなってしまえば従業員全員が不幸になります。良いことも悪いこともしっかりとものが言える経営者かどうかは、常日頃からその目線で仕事をしているかどうかで決まってくると思います。

●すべての失敗の要因は自分にある。

私の仕事のポリシーは「人のせいにしない」です。誰が悪い、立地が悪い、天気が悪かったからだ、という言葉を使った時点で考えることがなくなり、思考停止してしまいます。失敗の改善点は自分にはないと思っている時点で同じ過ちを繰り返してしまいます。「勝ちに不思議の勝ちあり、負けに不思議の負けなし」とは、野村克也監督の言葉です（もっと古くからある言葉らしいですが）。私は常にこう思っていました。

私は失敗をすべて自分ごととして考えていました。例えば、飲食店の人手不足を例にとってみます。飲食店業界で深刻な問題は人手不足です。年間を通して見ると、一番人手が不足し店舗運営が難しくなる時期はいつだと思いますか？　それは長期休みがあるお盆でも正月でもなく、実は3月なのです。これは大学生、高校生のアルバイトが3月9日頃の卒業式に合わせて辞めてしまい、次に入ってくる新1年生は早くても4月の3週目頃からだからです。この時期に学生が出勤していた店舗は、ぽっかり人員不足になります。ここで、卒業なのだから仕方がないで終わるのか、自分に何か要因はないのかと考えるのでは、その後が大きく変わってきます。

例えば、人が少なくなることが毎年分かっているならば、日頃から採用する学生人材は学年ごとに満遍なく採用したり、人員が不足するその時期だけ事前に他の施設から人員異動をしたり、学生と学生以上の方々の比率を変更してみたりと、どのようにでも手を打つことができます。私にとって失敗の定義とは、「同じ失敗を何もせずに繰り返すこと」だと思います。

以上が私がサラリーマン時代に大切にしてきた考え方、経験でした。第2部からM＆Aについてのお話に入らせていただきます。

第2部　会社を買う

会社を買う流れ

いよいよ、ここから私がいかにして仕事を辞め、会社を買うことになったのかを解説していきます。

まず私が会社を買った流れをざっくりと説明します。

1．M&Aサイトに登録します。

インターネットのM&Aサイトは今や多数存在しています。サイトによって売り上げ規模や、売買対象（個人、法人）、取り扱い業種などが変わってきます。登録をしなくてもちょっとした案件はサイトで見ることができますので、自分が探している業種の多さや価格帯で比較して登録を試みると良いと思います。

2.案件を探します。

サイトに登録したら自分が探している案件をリサーチします。多くの業種が売りに出されているので、自分の中での判断軸を持ち案件を絞っていきます。また、自分の気になる案件が出ていない場合は、アラート機能などを活用して良い売り案件が出るまで待つことも一つの手です。

3.気になる案件を発見したら匿名交渉を開始します。

初めの段階では気になる案件に匿名でメッセージを送り、匿名のままやりとりを行います。売り手側も従業員やクライアント、事業パートナーを抱えていますので情報開示には慎重です。私の場合ですと、ここでは事業内容や簡単な会社の売り上げと利益、事業経緯などをお話しました。また、私からは自分が目指したい事業計画や今までの経歴などもお伝えさせていただきました。就職試験に例えると、会社に入社する際の書類選考から1次面接のようなものでした。

4．実名交渉を行います。

売り手側、買い手側の条件がお互いにマッチしていけば実名交渉と面談になります。ここでお互いのすべての情報が開示されます。企業名、ＨＰ、財務状況、損益計算書、従業員といった具体的な情報です。また、この時に施設を訪問し、会社のリアルな状況を確認することもできます。

最後にお互いが合意したら合意条約を結びます。

契約書を作成し、契約内容の調整や交渉などを行います。入金、引き継ぎなどは売り手側と買い手側の合意の元に行い、買い手と売り手を繋いでいただいたM&Aサイトや仲介業者への手数料の支払いも行われます。

私はファーストコンタクトから約１カ月で成約に至りました。買い手側と売り手側の意思の疎通がスムーズであればこの程度の期間で決めることができます。

次は、私がどのようなきっかけでM&Aに興味を持ち、どのような動きで成約にまで至ったのかを具体的に説明していきます。

『サラリーマンは300万円で小さな会社を買いなさい』

2018年5月。

『サラリーマンは300万円で小さな会社を買いなさい』（三戸政和著、講談社・2018年刊）という本に出合います。

この出合いが、私が会社を買う第一歩になりました。

本の内容はこのようなものでした。

- 日本長者番付はオーナー社長が独占。豊かになるにはオーナー社長になること。
- 起業することは相当な資金が必要。独立して数年やってサラリーマンに戻っていく人は大勢いる。

- 飲食店経営はレッドオーシャン。手を出すと地獄が待っている。
- 個人M&Aなら土台ができているうえでの経営のため単に起業するよりスムーズかつオーナーになれる。
- サラリーマンのOJTは実はすごい能力。部署が会社に変わったイメージで運営できる。
- 中小企業の50・3%は黒字で倒産している。理由は後継者不足のため。そのため安くて良い会社はある。
- 会社を買ううえでの具体的な要点。（金額設定の仕方、サイトの登録の仕方、会社を買う注意点）

「日本の中小企業はこれから10年で126万社が廃業し、その影響で650万人もの雇用が喪失していくともいわれる『大廃業時代』になる」と言われています。

この本に出合うまで、私の人生に個人が会社を買うという概念はありませんでした。しかし、この本の内容は論理的かつ具体的で説得力がありました。また、私が大学時代から思い続けていた「教育」に携われる部分があるのではないかと考えました。

会社を買うということ

「会社を買う」という概念が自分の人生に現れたものの、やはり勤めていた会社の仲間や進行中の業務、プロジェクトのことが頭をよぎりました。会社に不満はほとんどなかったですし、ここまで良くしてくれた会社に精一杯恩返しをしたいとも思っていました。本当に辞めるとなったら、何より自分を成長させてくださった上司や仲間、後輩に申し訳ないと思ってしまう自分がいました。特に進行中だった組織のチームはいつでも私を鼓舞してくれていました。思うように成績が出せなかった時期も多くありましたが、上司は変わらず私を教育してくださって、支えてくれていたため本当に考えました。自分の立場的に、後輩にも示しがつかないと考えてしまいました。

副業として行うにしても、すべてが中途半端になり両方共倒れするのではないかという不安もありました。

私が勤めていた会社は朝8時30分から夜20時までの比較的長い勤務時間でしたので、就業後の時間で副業を行うとなると、体力的にも不安はありました。

そんな時に読んだ本が、堀江貴文さんの『多動力』（堀江貴文著、Audible Studio／幻冬舎・2018年刊）です。そこには「サルのようにはまりハトのように飽きよ」という言葉がありました。私は当時の会社に不満はほぼありませんでしたが、引っかかっていることがありました。それは「新卒で入社して8年間同じ仕事を続け、その後も同じ会社で仕事を続けることは自分の視野を狭めているのではないか」という点です。

そう考えると、このまま同じ視野でいるのが次第に不安になってきました。そしてあらゆる不安よりもチャレンジしたいという思いのほうが大きくなっていきました。一度しかない人生、8年間、サルのようにはまったので新しいことに挑戦してみようと決意し、私は『サラリーマンは300万円で小さな会社を買いなさい』に載っているM&Aのサイトにいくつか登録することにしました。

ネット上には多くのM&Aプラットフォームがありました。私はグーグルで「M&A　個人」と検索し、検索順位の上から順番に登録を試みました。企業専用のプラットフォームもあったため、私が実際に個人で登録できたプラットフォームは3社でした。また、会社を買う金額を500万円以内と決めておりましたので、公開案件を見て実際にそのような案件が多い「TRANBI」さんに絞ってM&A活動を行いました。

《サイトについて》

「TRANBI」は1万5800件以上（令和3年3月1日現在）の買い手候補が集まる国内最大級のM&Aマッチングサイトです。私が初めに見たプラットフォーム3社の中から「TRANBI」にした理由は、1000万円以内の案件が多かった点と手数料が安かった点です。成功者の事例という項目では、実際にサラリーマンから独立された案件も出ており親近感が湧きました。そこに掲載されているのは、思い切ってチャレンジされた方々でもあり、自分も頑張りたいと触発されるような内容でした。

早速サイトに登録します。1分で無料登録ができるとありますが、本当に1分でできます。基本的に自分の個人情報を入力するだけです。必須項目は名前、住所、電話番号など定型フォームに沿ったものでした。

次に行ったことは、ジャンル別に会社を見ることでした。サイト内には多種多様のジャンルがあります。飲食店、ホテル、旅館関係、美容サービス、介護福祉、情報通信、農林業、製造、小売業、保険、建設、不動産……、ほとんどの仕事のジャンルがありました。その中で私が大学時代から想いのあった教育関係も存在しました。教育関係だけでも10企業はあったと思います。塾や幼稚園、そして英会話教室などです。

私の昔からの想いとして、「○○したらダメ」という教育ではなく、「すべてを肯定して、その人の良さを伸ばす教育をしたい。そのような教育現場があれば面白い」と考えていました。そんな楽しい教育現場が自分で作れたら面白そう――その意志で私は教育ジャンルにフォーカスし案件を探すことに決めました。

とはいえ、私は個人ですし500万円以内という条件で探していたため、そのような条件では相手にされないだろうとも思っていました。なので、ダメ元でまずは数を打ってみることにしました。教育ジャンルの中で良いと思ったもの、気になる案件に、手当たり次第メッセージを送ってみました。

「はじめまして。御社の事業に興味を持ちメッセージを送らせていただきました。個人での契約を希望しています。個人でもよろしければ交渉よろしくお願い致します」

……返事なし。

5社ほど送りましたが、さっぱり返事がありません。やはり個人では買えないのかと思っていた矢先、大切なことを見落としていたことに気づきます。それは私がメッセージを送った案件は、売却案件公開から3カ月後や半年後と、時間が経っていたものでした。

案件公開後、1カ月から2カ月で買い手は絞られていきます。今考えると当たり前ですが、過去の案件は全く意味のないものでした。私がサラリーマン時代にファーストプライオリティとして実施してきたスピードという点は、他のビジネスの世界でも大切だということを再認識しました。気を取り直して案件を見ていきますが、なかなかその日に出てくるようなタイミングの良い案件は見つからず、通知機能を設定して新規案件を待つことにしました。

「ＴＲＡＮＢＩ」には案件通知機能があります。自分が気になる業種、地域、価格の案件が発生したらメールで通知してくれるのです。私はこれに登録し待つことにしました。

ビジネスにおいてスピードは命です。Ｍ＆Ａでもそれは同じです。プロ野球選手もＦＡ宣言した際に、いち早く接触してきた球団に熱意を感じて入団することが多いのです。

それと同様に、Ｍ＆Ａの成立にはスピードが大きなウエイトを占めていると感じました。私の場合、初め無反応だった会社は接触スピードが遅かったからだと思います。結果的に成約に至った案件も、「スピード感があることで、熱意が伝わった」と先方から言っていただきました。今はほとんどのＭ＆Ａサイトにお気に入り機能や通知機能があります。設定手順は簡単で、業種別、価格別、買い手は法人か個人かなどを選択し登録するだけです。私はこうした機能を活用してスピードコンタクトを取るように現在も心がけています。

話を戻しますが、5月から登録し案件通知は2週間に1件程度来ていました。しかし金額が1000万円を超えるものだったり、法人限定であったりと、思うように案件探しは進まないまま時が経っていきました。

「日本の中小企業はこれから10年で126万社が廃業し、その影響で650万人もの雇用が喪失していくともいわれる『大廃業時代』になる」

三戸政和

個人がM&Aすることは、これからもっと増えてくると予想されています。

日本内閣府の推測によると、日本の人口割合は平成30年の時点で高齢者（65歳以上）が25％以上になっています。4人に1人が高齢者の時代なのです。2053年には日本の人口は1億人を下回るとされていますが、高齢者の割合は増え続け、2065年には38・4％に達して、国民の約2・6人に1人が65歳以上（75歳以上人口の割合は25・5％、約3・9人に1人が75歳以上）となる社会が到来すると推計されています。

2020年10月に中小企業庁が47都道府県に設置した「事業引継ぎ支援センター」は民間M&Aプラットフォームと連携を発表しました。また、日本政策投資銀行は起業意欲がある若者を中小企業に仲介するファンドを作り、中小企業をM&Aする資金を提供することを発表しました。いずれも後継者難に悩む経営者が増えていることに対応するためです。

M&Aにおいてはタイミングが非常に重要で、常に準備をしておくことが重要だと思います。私の場合は地方のM&Aセンターに登録したり、気になる案件をウォッチする機能を使ったりして、タイムリーに対応できるよう心がけています。

ファーストコンタクト

転機は9月、登録して約3カ月が過ぎた時でした。

実際にこのようなメールが届きました。

2018年9月

【TRANBI】案件通知

［業種］教育・教室・ノウハウ

［地域］中国

［売上高］0円〜500万円

［営業利益］損益なし

［売却希望価格］　250万以下
［交渉対象］　個人、法人

売り上げは500万円以下でかつ損益なし（赤字の可能性がある）ということですが、売却希望価格は250万円以下でした。内容を開き、詳細を確認すると英会話教室でした。

私は英会話教室には通ったことがないため、全くイメージが湧きませんでした。そもそも私自身、「国語・数学・英語・理科・社会」の5教科の中で最も苦手なのが英語でした。

そこで私は考えました。英語が得意な人が英会話教室の経営に携わることはあっても、英語が苦手な私のような人が携わることは、なかなかないのではないだろうか。私には英語が苦手な人の気持ちや、英語が話せるようになりたい人の気持ちが分かる。そうやってお客様目線に立って見ることができるのは、逆に強みなのではないだろうか……と、妙に前向きな気持ちになっていました。

また、私が英語を話せない、進んで勉強ができなかった理由は、英語そのものが苦手というより、英語を喋る時に「恥ずかしい」と感じていたことが根本にあったと思います。それならば、「間違いを恐れずたくさん失敗してもいい」「恥ずかしくないし楽しい」と思えるような環境を創出することで、昔の私のように恥ずかしさから英語に苦手意識のある人が、気軽に学べる英会話教室を作れるのではないかと考えました。

さらに気になる項目がありました。会社の場所です。メールに記載されていた地域は中国地方でした。当時、私は静岡県に住んでいましたので、中国地方の中で一番近い岡山県だったとしても新幹線を使って2時間半かかります。遠隔での運営が可能かどうかを考えた時、現職で培った飲食店の複数店舗管理の感覚からは、おそらく可能だろうと感じました。当時は50近い店舗の管理を担当していました。当然ながら毎日お店に行けるわけではないので、店長やエリアマネージャーと店舗を運営していくことになります。

日々のコミュニケーションの取り方や遠隔地での運営のノウハウは得ていたも

のがあったので、私の中では中国地方でも会社の運営は可能だと考えていました。私の出身が島根県ですので中国地方の活性化にも役立てたらという気持ちもあり、この案件とコンタクトを取りたいという気持ちはさらに高まりました。

私はすぐにメッセージを送りました。

「はじめまして。英会話教室に興味を持っておりメッセージを送らせていただきました。個人での契約希望です。個人でもよろしければ交渉よろしくお願いいたします」

すると、1時間後に返事がきました。

「はじめまして。ご連絡いただき誠にありがとうございます。私、代表のSと申します。個人の方でも英会話教室に興味がある方は嬉しく思います。

現在もしくは過去に英会話教室などのご経験はありますでしょうか？
どうぞよろしくお願い致します」

もちろん私には英会話教室の経営に携わった経験はありませんし、ましてや英語は全く喋れません。似たような塾などもやっていた経験はなく、教育の経験としてあるのは8年前に行った高校の理科の教育実習1週間のみです。ここで経歴を盛っても仕方がないので、そのまま正直にやりとりを続けます。

まずは匿名でのやりとりです。その中で私が気を付けていたことは、私自身の情報をなるべく多く開示することです。なぜなら、売り手側の気持ちを考えると会社を売りに出していることを社長はなるべく広めたくないのは当然で、売り手側としては実名交渉＝契約が一番望ましい流れだと思ったからです。そのため私は実名交渉に至るまでにこちらの情報はなるべく多く開示し、いざ実名交渉になった際に気持ちよく契約成立に至るように心がけました。

「ご返信ありがとうございます。
私は今会社員で飲食業のマネージャーをしております。
現在、過去ともに英会話教室の経験はありません。
よろしくお願いいたします」

その後もやりとりを続けます。

経営状態は良くないということ。
そのほとんどが人件費だということ。
もともとは廃業しようと思っていたこと。
そのため継承するなら早めにしたいということ。
集客にはまだまだ時間がかかりそうなこと。
確実に利益を出すに至るのは未知数だということ。

最後に、「**私もご迷惑がかかることはしたくありませんので熟考してご検討いただきたい**」という一文が添えられていました。

熟考と言われましたが、私の気持ちに迷いはありませんでした。現職のことも考えたうえで新しい場所を求めての決断です。決めたからには徹底的に行うことを決意していました。返信の感触としてはあまり良くない感じでしたので少し心配でしたが、ダメならダメで貴重な経験を積めたと考えよう、と切り替えられる頭にもなっていました。

なぜここまで割り切れていたかというと、話題の本を次々と手がける編集者、箕輪厚介さんの著書『死ぬこと以外かすり傷』（マガジンハウス・2018年刊）を読んだ直後だったからです。同書の冒頭に出てくる「守るより攻めろ。その方がきっと楽しい。こっちの世界に来て革命を起こそう」という言葉が背中を押してくれていました。自分が作りたい学びは「失敗を大いに認める」教育です。それを謳おうとしている私が、一つや二つの失敗を恐れて何もしなければ本末転倒です。倒れるなら前向きにいこうと決めていました。

また、私はこの一連の流れを誰にも話しませんでした。誰かに言うと、できない理由を並べられる気がしてならなかったからです。これは誰が悪いわけでもなく、そのように捉えられる可能性が高いと思ったからです。私は結果がすべてだと考え、全部が終わったら周囲には言おうと決めていました。

ビリギャルの著者、坪田信貴先生の著書『才能の正体』（幻冬舎・2018年刊）では「結果は才能の有無で決まる」のではなく、「才能が結果によって決まる」のだとおっしゃっています。例えば、東大に行けた人はどんな人であっても「元がいい」「地アタマがいい」と言われ、どんなに頑張っても東大に行けなかった人は「もともとアタマが良くなかった」と言われます。たとえそれが同じ人間でもです。つまり、人は結果しか見ておらず、結果からしか判断できないのです。

私の場合、元は良くないので「できっこない」のオンパレードが来ることなど容易に予想がつきました。不必要に不安になる言葉は聞きたくはなかったので、誰にも言わずにこの件を進めることにしました。

英会話教室を買おうと思った理由

私が英会話教室という業種を買おうと思った理由は二つあります。
一つ目は、楽しく学べる教室を作りたいという熱意です。

・楽しく学べる教室を作りたい。

大学時代の教育への想いは、まだ私の心の中に存在していました。それは、社会人を経験したうえで教育に携わり、微力ながらも関わってくださる方や、目の前にいる人を笑顔にしたいという想いです。学生時代に志したことを実行するタイミングは、まさに今だと感じました。

そして、私が本当に必要だと感じている「知識だけを教える教育ではなく、何よりも人生の楽しさを感じ、実際に行動できる力を身に染み込ませる教育」を体現できると考えました。

会社員時代も関わる物事はすべて自分ごととして受け取っていました。会社や部門の政策が決まったら、自分の言葉でどのように分解できるかを必死に模索したり、この人にはどういう言葉をかければより伝わるのだろうと考えたり、会社の言葉を自分なりに分解し再構築し周囲に伝えていました。そうした想いが、次第に「せっかくいただいた命なのだから、自分発信でも社会に貢献するようになりたい」と変化していき、それを達成できるチャンスがこの会社にはあると感じました。

二つ目の理由は、私自身、全く英語ができなかったからです。

●私は英語ができなかった。

私は英語が話せませんが、英語が喋れるようになりたいという憧れはずっとありました。英語の教材はほとんど試しました。英語学習の本にはじまり、CDやアプリ、ユーチューブ、スピードラーニング……と、あらゆる教材を試しましたが、継続できませんでした。これは私の意志の弱さが原因です。

どのようにしたら英語を習得できるのかを考えた時、「人間は環境が先。自分で英語を身につけなければならない環境を作るしかない」という答えにたどり着きました。そして、英会話教室にチャレンジすることは、その絶好のチャンスだと感じました。

英会話教室では、自分以外は全員が外国籍の先生です。先生とコミュニケーションを取るには強制的に英語を使わなければなりません。

自らを鍛えるには、その環境下に身を置き、〝そうしないといけない状況〟を作ることが成長する近道だと実感しています。

思い返せば私は自分に甘いほうだと思います。しかし、「英語が喋れないけど、学びたい」という人の気持ちが分かることは逆にアドバンテージです。そのような方に寄り添い、並走することで新たなアプローチができるのではないかと思いました。見切り発車でした。

『熟考してほしい』というメッセージを受け取った翌日から数日間にわたって、さらに匿名でのやりとりを続けました。匿名で聞けること、気になる点をすべて聞いていきました。特に私が確認したことは、人材の部分が多かったです。

先生の人数やレッスン数、時給、給料の表面上の事実や先生の性格、レッスンに対しての満足度、趣味やバックグラウンドなど、実際の意見やイメージ、オーナー様の主観を含めた内容もヒアリングしました。

これは、「このような広告やレッスンアプローチがあれば入会したい」という意見を私自身が持っていたためです。私と同様に英語が苦手な方に、実際に教室に来ていただくまでのアプローチには策がありました。ですので、良い先生が在籍していれば生徒の人数は増える見込みがあると仮定していました。

先生はメインの講師1名と、サブの講師3名の合計4名でした。メイン講師は人気が高く、この先生を指名する生徒さんが70％でした。

オーナー様が話した感じでは、できればこのまま引き続き生徒を見続けたいという、意欲のある先生でした。経歴も教育歴が長く生徒さんからも信頼されている先生とのことでした。サブの3名はメインの先生で補えないところを見ていただいている、お手伝い感覚の先生です。

こちらの先生方も面倒見がよく、引き続き今の生徒さんを見続けたいとおっしゃってくれていました。それから各先生のクラス数や時給、給与などをヒアリングしました。

ただし、私がこうした情報を求めたのは取引をするかどうかを判断するためではありません。すでに気持ちは固まっていたので、あくまでどうすれば利益が出るかを判断するために質問を重ねたのです。

その他人材に関して確認した後は、ホームページの確認や現在の料金設定といった販促的なところを教えていただきました。

また、約束事もソフトにやりとりしました。負債に関しての引き継ぎや、M&A後のオーナー様の経営関与に関してや、売却希望価格、売却希望時期等を確認させていただきました。やりとりの中でオーナー様はM&A成立後、経営には一切関与しないと言われていましたが、私はできれば半年ほどは手伝っていただきたいとも思っており、その件も伝えました。

それから、今の売り上げと利益の状況では、私が会社員を辞めて引き継ぐには金銭的に難しいことを伝えました。このようなメッセージのやりとりの後、オーナー様から実名交渉をしたいとお言葉をいただきました。

金銭的に難しい理由としては、私に融資が下りるかどうかが微妙でしたので、黒字化までの道のりは自己資金で補塡するしかありません。そう考えた時に、毎月赤字だと私の収入源がなくなってしまい、会社の継続が難しくなるからです。全く収入のない状態よりかは継続して収入を得つつ補塡を行いながら運営をしていく、これがベターだと考えたためです。

まず考えたことは、ざっくりの情報で「年間売上が500万円以下、利益は良くない」ということで赤字を想定しました。このような時には年間売り上げを月別売り上げ、日別売り上げに分解するとイメージがしやすくなります。

年間売り上げが500万円以下とのことですので、売り上げ500万、400万、300万円の3パターンで、赤字だった場合の額を考えてみます。

例えば、月の平均客単価が1万5000円、1レッスンあたりの人件費が50％と仮定します。売り上げ500万円の場合、月の売り上げは約40万円です。客単価で割ると、約26名の生徒さんが在籍していることになります。

月間売り上げ40万円、人件費50％と仮定すると、月の利益は20万円程度です。その他に経費で10万円使っていたとして、残る利益は10万円です。英会話教室の運営に関する経費を考えた時に、家賃と人件費の他は備品費くらいしか思いつきませんでしたので、家賃は10万円強かと考えました。そして、実際に同じような立地で家賃を調べると予想通りでしたので、月の手出しとしては、数万円と思われます。

この計算を、500万、400万、300万円の場合で行い、さらに日別売り上げまで分解したうえで、黒字にするには、あと何名の生徒さんが必要かを客単価×人数で計算し、目標が達成可能かどうかの見きわめを行いました。

「見切り発車は成功の元」　堀江貴文

私は特筆するスキルを持っているわけではありません。普通の凡人です。その凡人が成し遂げたいことを成し遂げるにはどのようにすればよいのか。「数を打つしかない」というのが私の考えです。「やらなければいけないこと」と「やろうと思いついたこと」は、とにかく見切り発車ではじめるようにしています。結果、ほぼ9割失敗しています。ただ、それをやるのとやらないのとでは、ネクストアクションの見え方が違ってくると感じます。

10個やりたいことがあった場合、私の仕事の進め方は、初めの1割のリソースで10個のやりたいことを広く浅く行います。その後、10個のうち8~9個をやらないと判断を下して、効果の見込める1個もしくは多くても2個の施策に残りのリソースをすべて注ぎます。そうすることで、当初は全くダメだろうと思っていても意外と効果がある施策を取りこぼすことがなくなります。また、失敗を経験しておくことで、次に同じようなことを行う際に、同じアクションを頭から外すことができます。もしも10個の施策を1個ずつ順番に進めてしまうと、時間もリソースも何倍もかかってしまいます。これでは何事にもスピーディーな動きが求められる現代に適した方法だと言えません。

仕事にも人生にも言えることですが、人生の成功は「点」ではなく「線」であると思っています。対して失敗は「点」です。失敗しても別のベクトルで自分や物事が伸びていることが重要だと思います。

黒字化が可能かどうか考える

実名交渉まで至っていないながらも、契約に結びつかない可能性が高いのにやりとりを続けることはお互いに時間の無駄です。ですので、このまま交渉を進めて、実際に契約できたとして、黒字化することが本当に可能なのかどうかはざっくりと考えていました。

実名交渉前は具体的な貸借対照表（ＢＳ）や損益計算書（ＰＬ）を見せていただくことはできないため、数字は売り上げと利益のみ、その他はざっくりとした業績を見せてもらいました。

その時の数字的情報から分かったことは、英会話教室は開業して半年以上経っており、案件通知にあったように売り上げは５００万円に達しておらず、経営状態は良いと言えるものではないとのことでした。前述のようにこれをまず1カ月あたりいくらかと計算し、さらに1日あたりいくらかに分解していきました。そしてこれに人的要素を加えて仮説を立ててみました。

私は当時従事していた飲食店の経営に置き換えて考えてみました。私のサラリーマン時代の仕事は、担当していた飲食店の味や接客を良くしてお客様に満足してもらい、売上利益を出すことです。もちろん数字がよくない店舗は存在しており、その店舗の数字の改善の業務も行っていました。業種は違えども、同じお客様を迎える店舗として数字改善へのヒントがあると考えたのです。

セグメンテーションとフォーカシング

大枠の数字を見て私が行ったことは、その数字をセグメンテーション（分類）

し、フォーカシング（深掘り）することです。数字は必ず何かの積み重ねによって構成されています。それを具体的に分解し、なおかつ人と紐づけてセグメントを行う。そして効果的なものにフォーカス（深掘り）して対策を行っていました。

なぜセグメンテーションとフォーカシングに着手するかと言いますと、これを行うことによって効果的な対策を打つというよりは、無意味な売り上げ対策や利益対策が浮き彫りになり、黒字化するにはお金のかかる施策が必要なのか、お金をかけなくても売り上げが見込めるのかをイメージできるからです。

特に赤字を脱却させることに関してはコスト面管理ありきの施策が重要で、ただ単に売り上げを伸ばすより敏感にならなければなりません。その点でどういうお金の流れで売り上げを伸ばすのかという初めのイメージが将来の指針となります。

単純に店の売り上げを上げたいと思った時に、何を想像するでしょうか。広告を打ったり、ＳＮＳマーケティングを行ったり、新商品を開発したりというのが一般的です。ですが、これらの施策を現状の数字を分解せずに煩雑に行ってしまうと、何が効果的なのか分からなくなってしまいます。

最悪の結果、間違った施策をしてしまい、高額なお金を払って全く効果がないことをやってしまうおそれもあります。これは飲食店に例えると、現時点で１日１００名様来られているお客様を、あと10名様増やせば赤字を解消できる場合です。現状のお客様１００名と、集客したいお客様10名が表面上の数字です。これを人に紐づけると、性別、年齢、国籍、仕事などいろいろなパターンでセグメントができます。

仮にこれを新規とリピーターで分解してみます。新規のお客様の割合が80％、リピーターのお客様が20％だったとします。ここで読み取れることは、リピーターの割合の少なさから、一度ご来店されたお客様がまた来たいと思う店にはなっていないということ、すなわち店起因で売り上げが伸びずにいることが仮定されます。

ここで売り上げを伸ばすための効果的な対策は、お客様がまた来たいと思えるお店作りを行うことであって、新しいお客様を獲得することではありません。高額な広告を打ったとしても、お客様が定着しないことには永遠に無意味な広告料を払い続けることになってしまいます。

数字のセグメントを理解していないと、このような本来は不要な対策をしてし

＜現状＞

100名のお客様が来店されている

↓

セグメントの分類を決める
（例）新規比⇒新規80%：リピーター20%

▼

＜深掘りする＞

新規が多いのはなぜか？
リピーターが少ないのはなぜか？

↓

真因にたどり着くまで深掘りする

↓

新規80%＝認知はされている
リピーター20%＝新規のお客様が
2度目の来店をされていない

↓

来店されないのはなぜか？
味、接客、清潔感、スピード……

↓

味だとすると？
調理方法、素材、味付け……

↓

さらに……

▼

＜結論＞

広告を打っても費用対効果は薄く、
お客様満足度を上げて10人の方に
再来店していただくことを考えた
方が得策である

まうことになります。これを行うことにより、黒字化のためにお金をかけなければならないのか、お金をかけなくてもできるのかの大枠を捉えることが可能です。

英会話教室も飲食店で行っていることと同じ手法で分析しました。その結果でいうと、この英会話教室はそもそも既存の顧客数が少なく、新規のお客様が必要でした。しかし同時に、莫大な費用をかけるほどではないと仮定しました。それはお客様の継続率（リピーター率）が高かったからです。

通常、英会話の継続率は2カ月程度ですが、ほとんどのお客様が3カ月以上継続されていました。これは単純に考えると何かしらの要因で中身が良いことの表れだと仮定しました。この段階での私の結論は、開業して7カ月で認知不足はあるものの大いに黒字化が見込めるというものです。匿名でのやりとりという具体的な数字や現状を聞くことが難しい状況の中で、私はこのような仮説を立てながら黒字化は可能かどうかを模索しました。

さらに私のその後の方向性として、融資を受けずに運営するつもりでしたので、今すぐサラリーマンを辞めて英会話教室の運営に専念するのではなく、サラリーマンを行いながら運営をしていく方向が良いと判断しました。それを踏まえたうえで、実名交渉に臨みました。

見える人事と見えない人事

私が会社を確認させていただくうえで大切にしていることがあります。それは人です。アップルの創業者であるスティーブ・ジョブズが人事を決める時は、〝見える組織〟と〝見えない組織〟の二つを考えると言っています。

〝見える組織〟は読んで字のごとく、部長は○○さん、課長は△△さん、アルバイトの□□さんなどといった具合に表面上の組織です。〝見えない組織〟というのは、○○さんと△△さんは仲が良い、□□さんは○○さんにものが言えない、など表面上だけでは見えない組織です。数字も同様です。〝見える数字〟と〝見えない数字〟が存在します。〝見える数字〟はBSやPLに記載されている数字です。〝見えない数字〟は例えば土地資産です。BSに載る資産は購入当時の時価総額になっています。

バブル前から何十年も続いている会社は、その土地の価値が当時より確実に高いでしょう。また感情の部分もそうです。例えば従業員は今の給料に満足していない、時給をもっと上げてほしいと思っている……等です。これを捉えておかないと、会社を買った後にいきなり給料の不満が噴出し、賃金を上げざるを得ない状況に追い込まれたりします。

質問の中で、人材のことに関しては特に多くやりとりを行いました。私の住まいは静岡県で教室が存在する地域は中国地方でしたので、毎日通うことは物理的にできません。そのため、先生と生徒さんとのやりとりが最も重要になると考えました。

先生は3人で、メインの先生はアメリカ出身の男性の先生、サブ的に勤務しているのが、イギリス出身の男性の先生とアメリカ出身の女性の先生です。出身地や教え方など全員違うスタイルで、教室の全体感としてバランスの良い印象でした。メインの先生はフルタイムで働いていました。非常に人気がありリピートしてくれる生徒も多数いました。全生徒の半分以上はその先生の授業が目当てでした。

生徒さんの情報については、年齢や性別といった個人情報よりも学んでいる目的を重視してヒアリングをしました。これはターゲットを性別などで絞るのではなく、行動で絞りたかったためです。ターゲットを各自のゴールでセグメントして経営のコンセプトを決めたほうが、お客様のためになると思うからです。

例えば、受験を目的とした学習なのか、趣味を目的とした学習なのか、世界でビジネスをすることを目的とした学習なのか、といったふうに目的で学習スタイルや学ばなければならない内容は大きく変わってきます。それをもとに教室のコンセプトを決めたほうがお客様のためになると思っていたためです。

実際に生徒さんがこの英会話教室に通う目的は様々で、英検合格や趣味での英会話、子供の教育など多岐にわたっていました。

これらの先生の情報と生徒さんの情報をマッチングして、自分が行いたいことへの転換などの構想を考えていました。

「組織には見える人事と見えない人事がある」
スティーブ・ジョブズ

人が生きていくうえで永遠の課題の一つに「人間関係」があります。ついつい他人のことが気になったり、自分と比べてしまったり。ささいなことで一喜一憂してしまうのが人間です。

私は人と人とを比べるということはなるべく避けて、「事と環境」に意識を向けるようにしています。少しでも働きやすい環境で働くこと。環境を作る立場なら、自分から環境を整えること。例えば面接で人を採用する立場になった場合に私は「この方が入社することで、今のメンバーが達成したい事に向かって有意義に仕事ができるか否か」を考えます。その方の知識や経験以前に、職場の環境のことを第一優先に考え、その相性を想像します。この環境ではポテンシャルを発揮させてあげられなさそうだ、他の環境のほうが輝けると感じる場合には、ご縁がなかったと判断します。

もちろん、スキルや経験も大切です。ただ、私の思う良い組織、良いチームは、全員が同じ方向を見ている組織です。そのための環境を整えることが大切だと考えています。

実名交渉開始

実名交渉では相手方の会社名、代表名、住所、電話番号、メールアドレスが開示されます。晴れて個人で実名交渉まで至りました。これからもっと信頼を深めて成約まで！と息巻いていた私は、いきなり肩すかしを食らうことになります。

オーナー様からメッセージがありました。

「中田様　実名交渉ありがとうございました。静岡に在住なのですね。それですと兼業の間はこちらで仕事が難しいかもしれないですね。
生徒さんの月謝管理や、新規の方が来られた時、説明する方が常時でなくても

必要になってきます。そこを講師の先生に数か月は任せるということも不可能ではありませんが少し工夫が必要かなと思います」

ここで私の事業計画と想いを返信しても良かったのですが、私の経験上では自分と相手とのやりとりで認識のずれがある場合や感情（想い）を伝えたい場合は、文面ではなく電話が良いと思っていたので、迷惑にならない範囲で電話でのお話をさせていただこうと思いました。早速電話でのアポイントメントを取ります。

「**かしこまりました。一度お電話で話をしたいのですがいかがでしょうか？**」

メッセージはこの一文のみ送信し、当日21時に電話をさせていただくことになりました。

21時に電話をかけ、ここで初めてオーナー様と直接お話しさせていただきました。

私が初めてのコンタクトで伝えたことはこのような感じでした。

1．挨拶

「はじめまして。中田と申します。この度は、実名交渉ありがとうございます」

その後に自分の簡単な経歴を含めた自己紹介を行いました。

2．自分が改めて聞きたいことを聞く

自分が聞きたいことを2から3個用意しておき、質問しました。

私は**「職場環境や先生、生徒の気持ち」「この会社に対してのオーナー様の思い入れ」**といった、文章だけでは伝えるのが難しいであろう事柄を伺いました。オーナー様から見た生徒さんや従業員の方々、会社のイメージについて、実際のお話から伝わるささいなニュアンスも汲み取りたかったのです。

3. 自分が考えてきたものとのギャップをすり合わせる

次に私の想いを伝えました。改めて自己紹介をし、今の英会話教室の売り上げと利益を考えると資金の問題ですぐに今の仕事を辞めるのは難しいと思っていることや、それに伴い英会話教室の事業を1年程度は会社員を続けながら行いたいこと。それをやることで発生するであろう問題点を質問したり、今後自分が行いたいことを話したりしました。

また、売り上げと利益を拝見したうえで、自分が会社員時代に培った赤字店舗を黒字店舗へ導いた経験をこちらに転用したい旨を話し合い、飲食店事業と英会話事業とのズレなどの認識のすり合わせをさせていただきました。

4. 自分からの要望を伝える

計画のすり合わせを含め、現オーナー様に、あと半年くらいは引き続き経営に携わっていただくことが可能かどうかの質問もさせていただきました。こちらに関しては「今すぐに返事はなくてよいのでまた返事をいただけませんか」という感じで初めの話が終わりました。

電話を終えた後、私の中で、オーナーの声が弱く感じ、嫌な予感がしました。その予感が的中してしまいます。電話の後はまず私からメッセージを送ります。

「お電話ありがとうございました。もし意思がありましたら来週でも詰める部分の話をしにお会いしたいと思います。よろしくお願い致します」

いつもは返事の早いオーナー様でしたが、その日は返信がありませんでした。

2日後になって返事がきました。

「電話ありがとうございました。しばらくは共同とのことでしたが、私は10月から別の所で働くことになると思います。そうなると事務所にいることが難しい

ので、運営のアドバイスはできますが、事務所にいながら作業をするのが難しいです。平日の夜や土日なら働けますが、お試しレッスンなどはいつ来られるか分かりません。その辺りを考えるとやはり難しいかな。というのが正直な気持ちです」

ここで引くわけにはいきませんが、押しすぎても良くありません。ここは相手の立場に立った行動が必要だと思いました。そもそもオーナー様も私もこの会社を良くしたいという方向性は同じなはず。オーナー様にとってのボトルネックは何なのか、懸念点は何なのかをよく考えて行動することにしました。本来の方向性は同じだと思うので相手の立場に立ち寄り添うことで共感し、同じ方向を向いていただけるように進めました。

著書『嫌われる勇気』で有名なアルフレッド・アドラーはこう言います。「共感とは相手の目で見て相手の耳で聞き、相手の心で感じることだ」。私は常々この言葉を意識し生活や仕事をしました。これをリマインドしながらこの交渉を進めていこうと強く思います。

まずしつこく電話するのも迷惑だろうと思い、ここはメッセージのやりとりにしました。今すぐに動けない理由や黒字に転換するプランをしっかり伝えること、また一番は教室を手伝いながら経営するという要望をなしにしても、オーナー様が安心して英会話教室を引き継ぐことができて、私が運営できる仕組みが必要だと考えました。メッセージを送ります。

「お返事ありがとうございます。かしこまりました。多くの質問にお時間とっていただきありがとうございました。一応私が考えている今後のプランを申します。文字制限もあるためメールで送信させて頂きます。よろしければご一読ください」

このメール1通で今後が左右されることになるのではないかと感じた私は、内容に細心の注意を払いました。今一度知識のおさらいをします。他のM&Aを希望されている方と比較して、私は資金力ではおそらく勝てないと認識していました。自分にできることは、感情と情熱をしっかり伝えること。それしかなかったため、それをしっかり伝えようと努力しました。

早速、メールを作成します。

「先日はお電話ありがとうございました。お互いが良くなるように進めさせて頂きたいと思っています。まず、ここまで運営されてきたことかなり大変だったのではないかと思います。そのようなS様の意志を継続し英会話教室を継続できたらと考えています。私が初めに行いたいことの一番は生徒と先生の気持ちを汲んであげることだと思っています。この英会話教室を継続してほしいと思う方が一人でもいるのであれば今のスタイルを継続して行っていきたいと考えています。S様も新しい仕事に就かれるということで無理は言いません。現金回収などは決済方法を増やすなどしてなるべく負担のかからないよう対応します……」

ここから、自分のやっていることを説明し、今後やっていきたいことや事業計画、先生、生徒に対する接し方、姿勢や想いの部分を極力長くならないように付け加えました。最後にしっかりと気持ちを込めて送りました。

翌日、返事が来ました。

「ありがとうございます。よろしければ会ってお話させて頂きたいです。お金もかかることですので交渉を詰めた状態で会えたらと思います。中田さんは遠方ですので先に他2名の方とお話をさせて頂いて中田さんと面談させていただくという形になりますのでそちらもご了承頂けたらと思います」

面談までは何とか漕ぎ着けたものの、私の優先順位は依然として最後のようでした。ここからが本番です。1週間ほど、電話とメールのやりとりを続けます。実名交渉後は決算書も公開していただけますので、仕訳の中身や不動産関係といった財務的・契約的なところから、顧客リストやホームページのデータといった事務的・広告的な部分を深く聞くことができました。

それによって考えていたことがより具体的になり、やるべきことが明確化されたと思います。また、生徒さんや先生とは直接は接しないものの、オーナー様への深い質問を通して、各自の意欲や生活背景、勤務可能な時間といった人材面の情報のやりとりをさせていただきました。できるだけ内容を詰めた中でお話を進めたかったので、仮で契約書の内容や金額などをある程度まとめてから臨みました。何通かメールのやりとりをさせてもらい、9月の2週目に一度お会いするまでに至りました。

訪問

英会話教室は広島県の中心部にありました。静岡県から向かいます。新幹線を使って約3時間です。仕事柄出張が多く移動には慣れていたので、片道3時間は苦ではありませんでした。

広島県は中国地方の中でも人口が多く、広島市は中国地方で唯一100万人を超えます。全国学力テスト正答率ランキングは10位と教育基準も高い県でした（2019年、文部科学省全国学力・学習状況調査）。また、都道府県別大学進学率ランキング（文部科学省学校基本調査2019）でも全国5位と、勉強に対して意識の高さが表れています。

教室は市電の駅の目の前にありました。近くには人の集う公園があり、ファミリーや観光客が多く英語を勉強する場所として環境はうってつけの場所だと感じました。

他には、300メートル範囲内に小学校があるなど、英会話教室に結びつく種となるポテンシャルは高い印象でした。

私が広島を訪れるのは、中学校の遠足以来です。ほぼ土地勘がない中、広島駅から教室のある市電の駅まで行きました。教室は駅前と伺っていましたが、事務所の看板等はなく、入り口を探すのに苦労したため、オーナー様に電話をしました。すると、ビルの窓からオーナー様が私を発見したようで「今立っていらっしゃる、目の前のビルです」と、案内してくれました。

緊張しながら教室のある階に向かいます。オーナー様が笑顔で迎えてくれました。ちょうど12時を回ったところでしたので、「まずランチでも行きますか」と声をかけてくださいました。広島で密かに人気を集めている「から麺」を食べ、再び教室に戻ります。

教室は決して広くはありませんが、清潔感がありました。

「はじめまして。中田と申します。本日はお時間を取っていただき、ありがとうございます」

「先に他の購入希望者である2名様にも見ていただきました。どうですか?」

「きれいにされていますね」

雑談と情報を交えながら会話をしました。オーナー様の経歴や会社を立ち上げられた経緯、生徒さんとの関係、売ろうと思ったきっかけなどを伺いました。オーナー様は海外留学経験、海外勤務経験があり、帰国してからは日本と外国のかけ橋になりたいという思いから、共同出資者と会社を立ち上げたようです。

生徒さんとはフレンドリーで一緒に食事をすることもあると、非常にアットホームな印象でした。オーナーはそのような背景を包み隠さず話してくださり、この方なら全力で引き継ぎたいと思える方でした。

訪問中は先生にも会わせていただきました。先生は日本語があまり得意ではないらしく、オーナーとは100％英語のやりとりでした。僕は全く喋れないのでニコニコして聞いているだけでした。しかし、果敢にも日本語で先生に話しかけてみました。出身はどちらですか。日本に来てどのくらいですか。日本はどうですか。難しい表現はオーナー様が通訳してくれました。

〈その日行ったこと〉

●定款や登記簿の基本的な資料の確認

●今回の契約において弁護士に仲介してもらうかの確認

（結果、費用は折半で弁護士を通して契約を交わすことになりました。）

●金額の確認

もともと話を詰めた段階で訪問したので、やるべきこともお話もスムーズに運びました。その日はこれで広島を後にしました。

次の日、オーナー様より電話が入ります。「他の方もいらっしゃいますが、中田さんに一番熱意を感じました。私は中田さんにお願いしようと思います。他の方には私からお断りの電話を入れておきます」

ありがたいことに、早々にお電話で成約内定をいただくことができました。そして「金額に関しては早めに進めていただけたため、●●●万円にします」とオーナー様からご提案をいただきました。私からも「12カ月経って数字の改善が見られたら、●●万円を支払う」という提案をさせていただき、最終結論は約●●万円＋利益を出せたら●●万円支払いするという形で合意しました。

またオーナー様にしばらくは経営をサポートしていただく件も、「半年は難しいが、9月に契約し12月末までの3カ月間は空き時間にサポートしていただける」という運びとなりました。オーナー様には本当に感謝しかなかったです。

その後は、契約書の作成を弁護士に依頼したり、先生や生徒さんたちに事情を説明したり、税理士さんを探したりと、引き継ぎに向けて動いていきました。

ちなみに、弁護士はオーナー様経由で依頼していただきました。契約書の作成と仲介などで約20万円でした。弁護士費用は、オーナー様と私とで折半しました。

M&Aの失敗談1 仲介業者は見極めを

ここで話は少し逸れますが、私がこのM&Aを成立させた後に、別の事業のM&Aを進めていた時の失敗談もお話しておきたいと思います。実は、今でも事業を拡大するために新たなM&A先を探すため、継続してサイトに登録しています。その中で、後味の悪かった事例を一つご紹介します。

これは「TRANBI」さんではないサイトでの話です。

M&Aサイトに登録していると、買い手側→売り手側にコンタクトを取るのではなく、売り手側→買い手側にもコンタクトが取ることができます。ある日、売り手より私にメッセージが届きました。

メッセージは、ある海外事業をしている会社からで、私の事業に関連するのでぜひ一度見ていただけないかというものでした。会社のオーナー様から直接ではなく、仲介業者からの連絡でした。M&Aの交渉では、売り手と買い手が直接連絡を取り合う場合と、間に仲介業者が入る場合があります。オーナー様から直接なのか、仲介業者を通してなのかは、M&Aサイトで確認できます。

売り手様は、海外事業と子供を中心とした施設を運営している会社でした。オーナー様は外国籍の方で、日本で経営をされていました。仲介業者の話では、今回会社を売りに出す理由は、オーナー様の家族の容体が悪くなり、できれば地元のアメリカにすぐ戻りたいためだということ。実質黒字でお客様も確保できており、来年は過去最高益出そうな勢いだというお話でした。

私もその事業には通ずるものがあったため、匿名交渉の段階から積極的にお話をさせていただき、とんとん拍子で話が進みました。秘密保持契約を交わし、実名交渉を行わせていただくことになりました。そして具体的な数字の貸借対照表や損益計算書を見せていただくことになりました。

前例にならって、私なりのセグメンテーションとフォーカシングをしてみます。そうすると過去最高益が出るという話も、売り上げが前年対比で減っており、利益も最高益に達する感じではない数字の推移でした。

売り上げが下がっているうえで過去最高益を出すということは、コスト削減をするしかありません。コスト面で見ると確かに30％程度は下がっているものの30％のコスト減は人件比率の減少で、施設運営する際の人的コストと紐づけた際に、施設を運営できる人件費の額を優に下回っている計算に見えました。私の見方がすべて正しいとは思っていないため、会社の税理士さんにも確認してもらったところ、やはり不可解な数字が多いことに違和感を覚えました。

M&Aの失敗談2　金額の決め方

私がどのように金額をざっくり考えるかを説明しますと、三戸政和さんの著書、『サラリーマンは300万円で小さな会社を買いなさい　会計編』（講談社・2019年刊）を参考にすることが多いです。こちらの本に、一般的な適正価格は「純資産＋営業利益3年分から5年分」と記載があります。

もちろんこれがすべてではありませんが、比較検討する際に基準額を念頭に置いておくことは良いことだと思います。あくまで基本的な点で、という意味です。

経営者の方が今まで大切に育てた会社です。実際の価値より高く売り抜けたいという方はいらっしゃるかもしれませんが、すべてがそうではありません。特に高齢化による引退などの事業継承の場合は、それだけではありません。自分の会社を継いでくれる方がいれば、金額は少なくても構わないという方も全くいないことはないと思います。

オーナー様の人間性、会社への思い入れ、また、買い手側の行動や今後のプランで十分に金額の変化はあると思います。実際に私が別案件でコンタクトを取った会社は、高齢化で引退を考えているオーナー様でした。最も重要視しているのは会社のコンセプトや方向性を引き継いでくれる方だというお話をいただいたこともありました。


仲介業者から、オーナー様への質問は規定のシートにまとめてほしいという要望があり、私は不明点や疑問点を質問シートに五つ程度まとめて提出しました。仲介業者からオーナー様に提出してもらい、質問の回答をいただくことになりました。しかし、その回答には、こちらが全く意図していない部分が多々ありました。

例えば「売り上げ減少の要因はどのようなものが考えられますか」という質問

に対して「人口が減少しているため」など、誰でも分かるような内容が返ってきました。私がコンタクトを取る以前のやりとりも残っており、同じような質問を同じような答えで返されていました。

価格の決定方法についても、当初は数千万円プラス仲介手数料1000万円でとのお話でした。

しかし、仲介手数料が1000万円というのはどうなのかなという気持ちでしたし、私は、取引をさせていただくお相手は信頼感を持つことができ、気持ちよく取引が進められる方と決めていました。その点からも、質問の回答からも、この方々との取引は難しいかなと思っていましたので「仲介手数料1000万円の金額では難しい。今回の案件は降りさせていただきたい」と伝えました。

そうしたところ、仲介業者から「待ってください。本体価格半額でもいいです」との回答が来ました。もともと2倍の価格で売り出していたのに、二つ返事で半額まで下がることに、さらに違和感を覚えました。

その後も何通かやりとりをさせていただきましたが、不明確な点が多かったのでの案件はやはり辞退することにしました。すると突然、仲介業者から電話がありました。内容は「今後の成約の参考にさせていただきたいので、今回辞退した理由を教えていただけますか？」ということでした。

私は『決算書や損益計算書などの数字が不明確な点が多く、私がこの事業を継続するのは難しいと判断したためです』と回答しました。仲介業者が続けます。

「それはホントの理由ですか？」私は「はい」と答えましたが、さらに食い下がってきます。

「もし他にあるなら言っていただきたいのですが、本当にこれだけですか？」。あえて絞り出すならば「質問に対する回答に整合性がなかった件もあります。仲介業者様もオーナー様から言われて的外れな文章をそのまま転送するだけでは、仲介料として1000万円の価値はないと判断させていただきました」

私もわざわざこれを言ったのを後悔しましたが、仲介業者がじわじわと怒り出します。

「それはオーナー様が外国籍の方で、日本語のニュアンスが間違っていたからでしょう」

私も返します。

「そういう時こそ仲介業者様の役目ではないですか？　明らかに回答が的外れなので、向こうのオーナー様と話をして要約して伝えていただきたかったです」

この時点でこれ以上話をしても進まないと思い、電話を切ろうとしました。しかし仲介業者はさらに続けます。

「では今回辞退されたのはオーナーと私どもがバカで信用ならないからですね」

誰もそのようなことは言っていないですが、仲介業者は怒り続けます。

「あなた、私どもを理由にしていますがほんとはお金がなかったからですよね？　決算書が不明確と言っておられますが、どのあたりでしょうか？　会計士にも見てもらっていますが不明確な点は一切ないと言っております」

私は交渉を降りることは決意していたので、

「決算書もそうですが、過去最高益を謳っていながら収益が落ちている信頼性の低い情報に違和感を覚えていたからです。また、やりとりしてすぐ50％の値引きをされたことも安売り過ぎて違和感がありました」

と返しました。すると仲介業者様から衝撃の一言を浴びます。

「商売ですから、少しでも高く見せて高く売るのは当然でしょう！」

これを聞いた瞬間に、もう話をすることはやめました。

その後も嫌がらせのようなやりとりは30分近く続きました。私は話すことをやめて一方的に聞いていましたが、嫌味をさんざん言われて電話は終わりました。

その後、その会社がどうなったかといいますと、その電話の1時間後にM＆Aサイトでの売値がさらにその4分の1の数百万円に変更されていました。できるだけ高く売りたいのは当たり前で、ごもっともです。しかし、M＆Aが流行っている中でそのような仲介業者もいるということは認識しておかなければなりません。

まず自分が大体の適正価格を知っておくこと、また自分では判断がつかない時にはデューデリジェンス等に入っていただくことが必要だと感じました。

すんなり大きな額の価格変更を行う仲介業者は、一度仲介業者のＨＰ等をしっかり確認したほうが良いと思います。このあたりは『サラリーマンは300万円で小さな会社を買いなさい　会計編』に詳しく載っていますので、ご一読をお勧めします。

M&Aサイトに登録して良かったこと

自分のやりたいことをプラットフォームで見つけてみる。

M&Aサイトに登録する利点は、ただ単に会社を買えることだけではないと思います。会社を買う、買わないは別として、M&Aサイトには多種多様な企業と職種が登録されています。

『13歳のハローワーク』（村上龍著、幻冬舎・2003年刊）という本がありますが、M&Aサイトにはその数を優に上回る職種が登録してあります。今、やりたいことが見つからない方、お仕事を探している方、自分が何の仕事に向いているか分からない方は、まずはM&Aサイトに登録して、多くの仕事、職種があることを認識してみてはいかがでしょうか。自分がやりたいことが見つかったり、思ってもいない職種があったりします。

自分も「会社を買いたい」と漠然と思っていたものの、どのジャンルを買うかは決めていませんでした。サイトには様々なジャンルの会社や職種があります。飲食店、民宿、IT、病院、建築、農業……など、多種多様な案件が掲載されています。まずは仕事を発見して、興味がある業界を調べたり、転職に役立ててみるのもありだと思います。

先生がいない⁉

英会話教室に話を戻します。

M&Aの話が進む中、前オーナー様から突然連絡が入りました。

「今、メインで雇っている先生が給料を上げてもらわないと他に行きますと言っています。私も引き止めはしますがその先生は以前から他に行きたいと言っていて、引き止めは難しいかもしれません。どうされますか？」

その先生は英会話教室の半分以上のクラスを受け持っていました。アメリカ出身の人気のある男性講師です。

私が少し悩んでいると前オーナーが続けて言います。

「問題は先生がいなくなることもそうなのですが、その先生の授業が良いと言っ

て受講している生徒さんが半分以上います。先生が辞めてしまうと、授業を受けている生徒もいなくなる可能性が高いです」

その先生は在籍生徒の半分以上を受け持っていました。ユーモアがあり分かりやすいと評判の先生でした。お試しレッスンを行うとほとんどの確率で生徒さんが入会を決めるメインの先生です。英会話において先生と生徒の相性は非常に相関性があり、重要なものです。先生がいなくなると、生徒さんもこぞっていなくなる可能性は大いにあり得ます。

私は状況を把握するために、先生の希望する給料の額と、現状の給料を聞きました。

生徒の受講希望時間に教えられる先生がいなくなったら。メインの先生がいなくなって生徒がいなくなったら――。その電話では考えきれなかったため、返事は翌日に持ち越しました。

家に戻り、事態を整理し再び計算をしてみます。このような時は3パターン程度考えます。1パターン目は最悪のパターン、2パターン目はベターなパターン、3パターン目が最高のパターンです。

まず1パターン目を考えます。先生がいなくなって、受け持っている生徒さんが全員いなくなった場合の収支や、集客の仕方、人員採用コスト等を見ます。パターン2は先生がいなくなって生徒さんが残ってくれたら。この場合の他の先生のスケジュールや授業が組めるか、カリキュラムは生徒さんに合っているか……等です。パターン3は先生が残って生徒も残ってくれたパターン。ただこれは先生の給料が変わらない前提です。パターンをいくつか考えたのち、私の中では先生を希望の給料で雇い続けることは難しいという結論に至りました。

次の日、前オーナー様に「先生の給料を上げることは難しい」と断りの電話を入れました。わずかな望みで残ってくれる期待もありましたが、やはり期待は空しく、その先生はあっさり1週間後に転職されました。さらに半数の生徒さんがその先生の新しい職場で英会話を学ぶという結果になりました。いきなりメインの先生と生徒半分が辞めてしまいました。そして、教室には今までサブ（掛け持ち）として活動していた先生のみが残るという形になりました。

下を向いていても仕方がないので、早速、新しい先生探しを開始します。前オーナー様もいろいろあたってくれました。しかし、外国籍の方の採用は簡単には進みませんでした。外国人専用の求人サイトもありますが、掲載料が高く気軽に利用できるものではありませんでした。無料の求人サイトを使い、前オーナー様に2週間に3名ほどの採用面接を行ってもらいました。しかし、なかなかマッチする方はいませんでした。結局先生は見つからないまま、前オーナー様と再び会うことになりました。

この日は最終確認の日です。弁護士を通して作成した契約書を交わしました。また今後の引き継ぎ事項の精査を行いました。部屋の契約の引き継ぎや、先生と生徒の引き継ぎ、今後やることなどです。前オーナー様は12月末まで支障のない範囲で手伝っていただくことになったので役割分担も明確化しました。

契約が成立したらM＆Aの仲介会社にも手数料を支払います。当時M＆Aサイト「ＴＲＡＮＢＩ」の成約手数料は売値の3％でしたので、その金額を振り込みました。

※現在は加入プランやキャンペーンにより成約手数料が異なります。

M&Aの失敗談3 契約書は必ず確認を

当たり前のことですが、契約書が双方の話の内容と違った場合は、必ず確認をしましょう。と言いますのも、私の知人がM&Aを行った際に、売り手の会社と一悶着あり、契約書不履行を突きつけられてしまったのです。

知人がM&Aをした会社も合同会社で、出資者が二人いました。しかし、実際のやりとりは一人の出資者（A氏）のみが行い、対面で契約書の捺印を交わす際も、もう一人の出資者（B氏）からは先に印鑑をいただいた状態で、A氏と知人だけで行いました。

しかし、その契約書には事前に話をしていた内容と金額に相違があり、その場で気づいた知人はすぐに指摘したそうですが、A氏からは、「この契約書にある記載は新しい取り決めの以前に作られたもので、記載内容の相違はB氏も了承しているのでご安心ください」と説明があり、そのままサインをしました。

しかし、1年後。B氏の代理人弁護士から「金額が支払われていません」という催告書が届いたのです。驚愕した知人がA氏に連絡をすると、A氏も大変驚き、すぐにB氏と連絡を取ってくれたそうですが、B氏は「契約書通り払ってもらう」の一点張り。

困った知人は、万が一に備えて3人の弁護士に相談しましたが、3人とも「今ある事実は契約書のみなので圧倒的に不利」という見解でした。知人はメッセージアプリ「LINE」でのA氏とのやりとりが残っていないか探しましたが、携帯電話の機種変更をしていて昔の会話は残っていませんでした。

その頃、A氏も別に弁護士に相談していました。すると、A氏とB氏の過去のLINEでの会話が残っていることが判明。ここからは弁護士を通して、A氏とB氏が冷静に会話をすることで、当初の金額のまま契約を終えることができたそうです。A氏の協力で何とか無事に着地することができたものの、私も知人の話を聞いて、時間と労力を使ってでも初めの段階できちんとした契約書にサインすることの重要性を再認識しました。その教訓から、今回ご紹介するのは、私の言葉です。

「契約書は一言一句見逃さず確認しましょう」　中田聡喜

何においても契約書を確認することは大切です。

もしあなたがM&Aをしようと思いはじめたなら、契約書について調べてみることをオススメします。あなたが代表や取締役になったら、契約書の確認をすることは、以降ずっと付いてくる問題だからです。

簡単なものでは「以上」と「超える」の違いがあります。「以上」は基準となる数値を含む場合に使用し、「超える」は基準となる数値を含まない場合に使用します。「1万円以上」といえば1万円を含みますが、「1万円を超える」は1万1円以上を意味することになります。これは基本的な例ですが、「以前」と「前」の違いや、「覚書」と「契約書」と「念書」の違い、また、契約は口頭合意で契約となるのか等、契約まわりでトラブルになる事例は多いですから注意しましょう。

第3部　会社を経営する

代表に就任する

10月1日を迎え、私は正式に代表に就任しました。先生は見つからないまま不気味な船出になりました。オーナー様にも手伝っていただきながら教室の運営を行いました。まず私が行わなければならないのは、正常に滞りなく教室を運営することです。

次のメインの先生が見つかるまで、今までスポットで担当していただいていた先生に以前より多く出勤していただき、ゲストが希望しているレッスン時間に合わせてスケジュールを組んでいかなければなりません。まずは在籍している先生方に説明を行い、協力を仰ぎました。良くも悪くも生徒数が少なかったため、掛け持ちの先生2名で切り盛りすることができていました。

先生が少ないながらも運営できていたのは、会社員時代に培ったマネジメント経験が活かされたからだと感じています。当時、飲食店1店舗の平均従業員数は13人程度でした。入社1年目は1店舗の担当からはじまり、最終的には50店舗で約１０００人とお仕事をさせていただいていました。その経験を踏まえて、先生方とお話ししました。

私が人と仕事をするうえで最初に認識を合わせることは、目標や方向性です。一人として同じ人間はいません。そのため価値観や認識の違いはあって当たり前だと思います。それでも組織として働くことができるのは、同じ目標や方向性があるからです。

会社の目標と個人の目標や大切にしていること、この先進みたいところの確認は一緒に仕事をするうえで一番に確認しておかなければならないポイントだと私は思います。**良い組織とは同じ方向を向いている組織**だと思います。私はこれを軸に先生方とお話をしました。

まずは先生方の目標やこの先達成したいことを伺い、私が作り上げたい教室を説明しました。二人の先生は出勤日数や出勤時間を増やすことも快く承諾してくださり、短期間ながらも同じ方向を向いて事業を進めていきました。そのおかげで運営することができていたのです。感謝しかありません。

会社員時代の経験から、たくさんの従業員に協力してもらわなければ、自分の目標を達成することはできないし、それができなければすべての方に迷惑がかかることを学びました。ですから、一緒に働くパートナーを大切にし、一人ひとりと密に関わり、現場の情報をしっかり吸い上げ、それを目標に反映させることを行いました。

さらに、先生や生徒さんの情報をなるべく多く聞くようにしました。レッスンをお互いがより都合の良い時間帯にできるよう、マッチングするためです。先生の稼働が難しい時間をすべて把握し、生徒さんの要望には即答できるようにする。これを継続的に行うことでさらなる信頼関係が築けるようになる。という良いループが回り出します。

生徒さんへの発表はＬＩＮＥで行いました。挨拶をする際に考えたのは、生徒さんの目線に立つことです。そのうえで、生徒さんの一番の懸念は、やはり金額の部分だと私は思いました。そこで、既存の生徒さんにはレッスン料の変更はないことをきっちりとお伝えして、挨拶を行いました。

居住地から教室のある広島県までの距離への問題もありましたが、飲食店のマネージャーを8年間やってきた経験がここで活かされることを実感します。私が担当していた施設は50店舗あり、1カ月に1店舗行けるか行けないかでした。私が広島に行くのは最低でも月1回と決めていたので、ちょうど飲食店を回る頻度と一致していました。そのため現地に行った時の行動や、先生や生徒さんとどのような会話をするのかはある程度決めて行き、その場で解決して次に繋げるというサイクルを続けました。もちろん、電話やＬＩＮＥでの連絡は密に取るように心がけました。

そこでは問題点もありました。ひとりでによくなる組織を掲げるにあたって必要な存在、リーダーがいないことです。私も離れた環境だったため信頼できるリーダーが必要でした。当初から在籍されていた2名の先生は副業という勤務形態なのでリーダーには選抜しにくいものがありました。適切な人材が見つかるまでは、私が運営を続けます。現地にいないので改善スピードはゆるく、維持はできますが加速ができません。私はメインの先生、リーダー候補を探すことにしました。

私の中での理想のリーダー像を一つあげるとすると、それは常に正直でいることだと思います。言い換えれば嘘をつかないということです。人間ですから自分を大きく見せたり、良くないことを言えなかったり、言おうか言うまいか迷ったり、そのような場面は多々あると思います。そのような時こそどれだけ自分が出せるのか、そこが真価を問われるところだと思います。

正直な人はある意味、費用対効果が理解できている人だと思います。言いづらいことを黙っていた場合、その場は楽かもしれませんが、それを続けると、正直に伝えること以上に大きな事態になってしまいます。何事も初めに正直に言うことで、それ以降は次の再発防止策に繋げることができます。ネクストアクションへの時間軸が全く変わったものになります。私もサラリーマン時代は、悪い報告ほど先に伝えるように心がけていました。

代表としてはじめに行ったこと

経営策としてまず初めに行ったこと。それは**良いところを見つけること**です。なぜなら人間は、悪いことを探し出すほうが得意なので、悪い箇所は後でも見つけられるからです。特に、良いところは時間が経つほど気づかなくなります。まずは、会社と教室の良いところを見つけて継続する。そうすることによって、やらない選択肢が一つできます。セグメンテーションとフォーカシングにもありましたが、投資資金が限られている中では、何をするかも大切ですが、何をやらないかも非常に大切です。長所を見つけることは、何をやらないかに直結するのです。

また、当然のことながら、新しい代表が従来のやり方や業務形態を全否定して変えようとすれば、先生も生徒さんも良い感情は持ちません。気持ち良くなるのは改革ぶっている本人だけです。既存のお客様は少なくともそれまでのサービスが良かったため継続しているということを忘れてはいけません。

その観点から最初に良いところを探しました。例えば、先生のクオリティとレッスン内容はとても良いものでした。

先生方は表現豊かで、それぞれに音楽やスポーツなどをプロレベルで行っており、人間としても魅力的でした。イギリス出身の男性の先生は、元プロの歌手で今でも趣味でオペラをされています。歌手を目指している生徒さんと一緒に歌いながらレッスンをしたりもします。

また、アメリカ出身の女性の先生はオリンピックを目指しておられるスポーツ選手でもありました。レッスンは単に英語を教えるだけでなく、自分のトピックス、生徒のトピックスを使って会話を広げていきます。実際に海外に行った時に使える、コミュニケーションの武器になるようなレッスンをしていました。英語を勉強することは、それ自体が目的となってしまいがちです。ですが、当教室のレッスンは英語を身に付けた後、何をするかを目的としているので、生徒さんそれぞれに明確なゴールがあります。

個性あふれる先生方のレッスンはとても分かりやすく、レッスンを終えた後の生徒さんたちは満足気な表情をしていました。継続率も高く、レッスン内容は自信を持って良いと言えるものでした。これらの長所を理解することで、レッスン内容に関しては時間を割いて新たな内容を組み立てたり、ブラッシュアップもレッスン設備投資も不要という結論になりました。

スタート当初は私一人なので、すべてを自分でやらなければなりません。お金と時間は有限ですので効率よく使うことが大切です。ある程度まで良いところを見たうえで、やらないことを決め、怪しいポイントに目星をつけて本質となる問題を徹底的にフォーカスする。これを行いました。思えばこの考え方も会社員時代に学習したものでした。

また、会社員時代の失敗からも得たものがあります。当時は異動が多くありました。私は前職に8年間在籍していましたが、通算12回も異動しています。まだ経験の浅い頃の私は部署異動となるとかなり張り切っていました。そしてダメ出しから入っていたのです。ここの部署の問題は○○だ、これはだめだ、あそこはこうしたほうがいいなど、「良くないから変えよう」を連発していました。

もともとそこにいる人からすれば、今までは正攻法だと思ってやってきたわけで、当然ながらいい気分はしません。案の定、大きな反感を買いました。自分は良くしようと動いていたにもかかわらず、気づけば誰からの支持も得られなくなっていました。

それからというもの、異動した際にはまず良いところを見るようにしました。すると、良いものは良いので、やらなくてもいいリストができ上がります。もともとその部署にいる人は私に対して接しやすくなり、自ら進んで問題点を話してくれるようになりました。スタートはこの経験が活かされました。

やらなくてもいい部分を洗い出した後、そうではない部分から自然と問題点が浮き上がってくるので、そこにアプローチするのです。

「何をやるかよりも何をやらないかということが重要だ」
スティーブ・ジョブズ

人の時間は平等であり、人ひとりができることは限られています。だから「何をやらないか」のほうが重要になってきます。

前職の大手飲食チェーン店に在籍していた頃、一人ひとりの長時間労働が問題になった時期がありました。複数店舗を運営していると、1日で3～4店舗、多い時で7店舗を回りました。移動時間もかかり、最短でも1日12時間、週6日は働くことが当たり前でした。長時間労働で仕事に対しての集中力が落ちてしまったり、眠気で車両事故を起こしたり、離職率が高かったりと、会社は多くの問題を抱えていました。この状況は良くないと問題提起がされて、働き方の抜本的改革を行うことになったのです。

その時に行った対策は、業務を秒単位で分析して、無駄な業務を徹底的に無くすということでした。1日8時間で完了できるため、本当に必要な仕事のみを残し、それでも超えるようであれば人員配置を変えるのです。そうすることで今までの長時間労働はなくなり、重要な仕事に集中してリソースを割けるようになりました。結果として業績も上げることができました。

昔から行っている仕事に対して疑問を持ち、無駄な業務や費用対効果の小さいものは思い切って無くしてしまう。常にバージョンアップし続けていくことが大切なのです。

事務手続きもすみやかに

新代表になって事務的に行ったことは3点です。

1. 新しい税理士さんの選定
2. 登記簿の名義変更
3. 賃貸の名義変更

まず新しい税理士さんを探さなければなりません。私の場合はネットで検索し、まとめサイトに問い合わせをしました。まとめサイトの利用は無料でできました。とても迅速な対応で、まとめサイトの担当者が即日アポイントメントを取って税理士さんと繋いでくれました。2日以内に決めたいという急なお願いでしたが、事務所近くの税理士さんと無事2日以内に面会をすることができました。

全く初めての試みで不安でしたが、とても人柄の良い方で、代表就任2年目を迎えた今でも仲良くさせていただいています。

登記簿の名義変更は、契約書を作って弁護士さんに依頼しました。依頼後約1カ月程度で登記簿変更の手続きは完了しました。弁護士費用は契約書と登記変更申請合わせて約20万円でした。前オーナー様と折半しました。登記簿の情報変更は複雑ですが、自分でやろうと思えばできるので少しでも費用を抑えたい場合は挑戦されると良いと思います。

事務所の賃貸契約の名義を前オーナー様から私に変更しました。引き継ぎという形なので敷金礼金は貸主様の観点では改めて払わなくていいとのことでした。引き継ぎしたので、私から前オーナー様に敷金分はお渡ししました。テナントの敷金は約20万円でした。

事務的な処理は、以上3点で完了しました。

新しい先生の加入

11月に入り、ついに新しい先生が見つかりました。前オーナー様が無料の求人サイトで見つけてくださいました。外国の方が在籍するプラットフォームで、可能性がありそうな先生に電話をかけていただいていたのです。

そのスカウトがヒットしました。先生の名前はトーマス（仮名）さん。親しみを込めて、トミーと呼びましょう。

トミーはアメリカ人の父親と日本人の母親を持つハーフです。幼少期は日本の広島県で育ち、小学生の時にアメリカに渡り、高校、大学、社会人と経て、27歳の時に日本に戻って来ました。日本語と英語両方話せるバイリンガルでした。彼は当初からいつか起業したいと言っている、志の高い人物でした。

トミーは小学生から大学まで日本とアメリカで様々なスポーツの習い事やクラブ活動を経験しており、日本の子どもたちや学生、社会人のためにスポーツを目的とした留学エージェントをやりたいと言っていました。私は、そんな彼の夢にとても興味をひかれました。

11月に入り先生方とゆっくり話をするため広島の教室に行きました。今まで掛け持ちで頑張ってくれていた先生2名と新しく入ったトミーとワン・オン・ワンで話をしました。

最初に話したのはアメリカ出身の女性の先生でした。本業と掛け持ちでレッスンしてくださっている方で、英語と日本語だけでなく多国語を話せるマルチリンガルです。日本の文化にも関心が深く、様々な分野に勉強熱心な、笑顔が素敵な先生でした。

2人目に話をした男性の先生も、掛け持ちでレッスンをしてくださっている方でした。出身はイギリスです。講師の経験も長く、私もレッスンに参加させていただきましたが、安定感がありビジネスから学校の授業に対応した英語まで幅広く教えられる先生でした。ユーモアに溢れ、笑顔の多いレッスンです。またイギリス出身の講師はアメリカ出身の方より日本に住んでいる割合が少なく、イギリス英語を学びたいという方にも大変人気のある先生でした。

2名の先生と話をして、実際にレッスンを受け、レッスン内容には手を付けないという考えは、間違っていないと確信しました。

最後にトミーと話をしました。トミーは小学生で日本からアメリカへ渡った時のことやアメリカでの学生時代、社会に出て就職した話、広島に戻って来た経緯など多くの話をしてくれました。彼には、日本の子どもたちが英語学習を通して海外の文化に触れ、視野を広げることで、彼らの人生をより楽しくしていきたいという想いがありました。トミーの一直線な夢とまっすぐな目で話す姿に、とても胸が高鳴りました。直接会ったのは面談の1回のみでしたが、私は彼に教室のリーダーとして運営に参加してもらう事を決め、その後2カ月は前オーナー様と私で店舗を運営しつつ、トミーと情報の共有や売上対策を行いつつ運営を行いました。

新体制スタート

いよいよ前オーナー様との引き継ぎが終わり、新体制のスタートです。引き継ぎ期間で良いところをあぶり出し、残ったところをカイゼンします。

まず基本的なオペレーションをシンプルにしました。これは先生のオペレーションのみではなく、お客様目線での導線にも無駄がないかを検証しました。会社員時代にいやというほど叩き込まれ、そして後輩に伝えたオペレーションのカイゼンです。飲食店で毎日どうやったらよりシンプルにより速くなるかを考えていた私の経験を、そのまま英会話教室に転用しました。

先生、お客様ともにオペレーションにムダがないか（達成したいことに最短導線になっているか）、ムラがないか（同じことを2回やっていないか）ムリがないか（頭や体に負担がかかっていないか）を徹底的に見つめなおし不要なポイントを最大限なくしました。

例えば決済方法です。現金とカード決済がありました。カード決済は、レッスン毎に行っており、先生がお客様のカードを端末に通して行っていました。毎月通われているお客様にとっては、この工程は無駄があり負担だと感じました。そのため新しく継続的なカード決済ができるシステムの会社と提携し、継続的なカード決済を行っていただける方にはオンラインで決済できるような仕組みに変更し、レッスン毎の決済作業という負担を軽減しました。

その他にもレッスンの予約の取り方やお客様からのお問い合わせフローの変更といったオペレーションを、できるところは徹底してシンプルにしていきました。一見小さいことですが、その積み重ねが気づいた時には大きなことに繋がっていたりします。

特に小さいことほど、時間が経つにつれカイゼンをおろそかにしてしまいがちです。そのため私はスタート当初は大きいカイゼンは多く行わず、先生や生徒さんの負担やストレスになっているところの、細かい箇所をカイゼンしていきました。私が現地にいなくても運営ができた要因はオペレーションをシンプルにカイゼンしていったことだと思います。

目に見えるカイゼン

そのような中で、目に見えるような大きなカイゼンも2点に絞って行いました。やらないことは全部削ぎ、本当に必要な二つの問題を深掘りしカイゼンを行いました。1点目はコンセプトの明確化、2点目は価格の変更です。

1点目のコンセプトの明確化はこのように考えました。英会話教室として目指すのは「喋れることに特化した英会話スクール」です。これは私が行いたかった楽しく学ぶという点でも推して行きたい部分でありました。

また、価格や教育カリキュラムでは大手英会話教室には勝てません。私たちのレッスンは「喋ることに特化し、カリキュラムを使わない楽しいレッスン」であるという路線を謳っていく必要がありました。喋ることに特化しているレッスンは、生徒さんの満足度も高いと感じていました。

しかし、問題点はその良さがホームページやSNSから伝わらないことでした。ホームページはフリー素材で作成していたため、お客様目線で見てもイメージがつきにくいものでした。ホームページやSNSは多少お金をかけてでも明るく一からリニューアルする必要があると私は考えました。

まずはホームページをリニューアルし、レッスンのイメージが湧くようなものに変更しようと試みました。しかし、私にはウェブデザイナーさんというかっこいい職業の知り合いはいませんでした。前オーナー様の時から作成していただいていた方は、金額面で依頼するのが難しい状況でした。

私は知り合い伝手にホームページを作れるデザイナーさんを聞きましたが見つからず、クラウドワークスなどネットで求人を試みましたが、価格とイメージにフィットする方に出会うことができませんでした。そこでツイッターでウェブデザイナーさんを探すことにしました。

ツイッターで「ウェブデザイナー」と検索し、世界観の合うようなデザインを描かれている方にダイレクトメールをします。10人くらいに送らせていただきました。当日は全く返事が返って来ませんでしたが、3日後に一人の方から連絡があり、快諾していただきました。依頼した方にホームページのリニューアルを一からしていただきました。

「喋れることに特化した英会話スクール」というコンセプトに重点を置き、イメージカラーの統一、先生の自己紹介等を新たに付け加えました。ホームページ改良の制作費用は良心的に約5万円にしていただきました。

二つ目に行ったことは価格の変更です。利益構造を考えた時に、先生の時給と家賃を考慮すると利益が出るまでには生徒数があと30名ほど必要でした。3カ月で30名の獲得は私には未知数でした。

また、低価格を追求しすぎると先生方に払えるお給料が少なくなるため、先生側も納得感のあるレッスンができません。売り上げに対しての人件費率を考えると値段を上げなければいけない状況だと判断しました。

多種類あった料金プランを変更し、一瞬で分かるようなシンプルな料金体系に変更しました。これもお客様目線でシンプルなほうが見やすいことを重視したためです。この価格と価格を上げるタイミングは慎重に行いました。

下手をすると既存のお客様も離れてしまう可能性があるからです。私がやったこととしては、経営を引き継ぐ2カ月前から、この先、レッスン料の値上げの可能性があると既存のお客様に事前に告知しました。そのうえで年明けに値上げを決行しました。

価格変更を考えるうえで、これまで通っていただいていたお客様には、現状価格据え置きという形にしました。せっかく以前の価格に納得して入っていただいた方々ですので、感謝を込めてそのような形にしました。

私が価格を決める時に考えることは2点あります。利益構造と納得感です。言い換えれば定量的部分と定性的部分の両面で見るということです。

利益構造とは売り上げに対しその他の経費がどれだけの割合を占めるのかを意味します。

かかる経費には一体何が含まれるでしょうか。まず人件費や、物を販売するのであれば原価（仕入れ額）が含まれます。その他、テナントを借りているのなら家賃や水光熱費がかかるでしょう。他には広告宣伝費や採用費、設備費、保険料（人、設備）など様々です。

これらを引いて最後に残ったものが利益になります。私は特に毎月必ず払わなければならない固定費をベースに大まかな価格を決めます。価格に対し固定費が何パーセントだったら利益が残りやすいのかという基本構造のベースを作ります。そうすることで新しいものを生み出す時に固定費率何パーセントと置き換えれば、どのような販売にも利益の概算が出しやすくなり判断基準になるからです。

二つ目の納得感ですが、これは完全に感覚ベースです。私の場合、英語が喋れなかったので特にお客様目線で考えることができたと思います。自分が買ってほしいお客様はこの値段でこの内容ならいくらなら出せるか、を感覚的に決めます。このお客様の感覚と目線で考えることで、購入に結びつきやすい価格設定になると思います。

トミーと代表契約

私は先ほどの細かいカイゼンと大きなポイントのカイゼン2点を行ったものの、集客やレッスンはトミーがメインで行ってくれていました。トミーの頑張りがあり、ありがたいことにお客様も増えてきました。

その中でも、トミーは情熱ある行動で英会話教室の増員に必死に取り組んでくれました。私はこの会社をトミーにとって「やりたいことができる！　自己実現できる！」場所にしたいと改めて思いました。そしてトミーと代表契約を交わすことを決意しました。

合同会社の役員追加の手続きは税理士さんに依頼し簡潔に完了しました。株主総会を開き書類を作成し、法務局で定款の変更手続きを行いました。株主総会といっても私一人なので簡潔な作業で終わりました。会社の再出発ということで社名も変更しました。

会社に関わっていただくすべての人の人生のためになる行動をしたいという想いを込めた社名にしました。思い返せば、私が何のために事業を行おうかと思ったかというと「目の前の人の人生がより楽しくなれば」という想いからでした。

トミーと同じく、日本の子供たちに英語や野球の楽しさを知ってもらって、一人ひとりの人生をより良いものにしていきたいという思いでした。二人の想いがより表現されている社名で、二人の思いががっちり一致して決まりました。ここからが改めて新しいスタートです。私は未熟なところが多々あり、赤字と黒字を行ったり来たりする日々が続いています。まだまだ我々ができる範囲は微力なものですが、これからも初心を忘れずに頑張っていきたいと思います。

「今の仕事に一生懸命になれないのでは
違う仕事でも一生懸命になれない。
今の仕事を好きにやって一生懸命やった時に
次なる仕事が見えてくる。
天職は気づいたらなっている」

スティーヴン・ホーキング

私自身、小さい頃から夢があったわけではありませんし、今も短期的な目標はありますが、「夢」と呼べるものまでは見つけられてはいません。

キャリアプランを考える際に、「Will」「Can」「Must」を使って分析するフレームワークがあります。「Will」…やりたいこと、「Can」…自分ができること、「Must」…自分がやるべきこと、の三つの円を描き、それが重なる部分があれば満足度の高い仕事と言えるというものです。

　これは仕事をするうえで自分がどうしていきたいかを考える際にも有効です。すでにやりたいことがある人は考える順番が①「Will」②「Can」③「Must」の順番になります。①「プロ野球選手になりたい」→②「走力があり盗塁はできる」、しかしパワーがない→③「今筋トレをしてパワーをつけるべき」の流れです。一方、やりたいことがない人は順番が①「Must」→②「Can」→③「Will」で考えます。①「今の仕事で英語を使うから英語を勉強するべき」→②「日常会話の英語はできるようになった」→③「英語を勉強していたらこんな課題があった」という流れです。

　この順序は時と場合によって順番が前後します。何をやっていいか分からない場合は目の前の仕事を１２０％で実行して自分のスキルを磨き、その先にある「Will」を見つけるようにしましょう。

お金を借りるということ

お金を借りるということはどういうことでしょうか。マイホーム、マンションはおいくらでしょうか。

2000万円、3000万円はするのではないでしょうか。低金利と言いますが、買った瞬間に3000万円の借金が発生します。会社を買うことはどうでしょうか。1000万円あれば十分資金的には足りていると思います。また、家は買った瞬間に価値は下がります。会社はどうでしょうか。500万円で買った会社は1000万円にも2000万円の価値にもなります。もちろん赤字になればその分資金が減ってしまうかもしれませんが。重要なのはこの増えるか減るかのレバレッジは自分にかかっているという点です。『サラリーマンは300万円で小さな会社を買いなさい　会計編』ではこれを実労レバレッジというみたいです。

自分が結果を出せば出すほど会社の価値は上がります。こんなに面白いことはないのではないでしょうか。会社員はどんなに結果を出してもどんなに結果を出せなくてももらえる金額はさほど変わりません。これが良いところです。それにプラスアルファで自分が結果を出せば出すほどもらえる額は増える、自分が結果を出せなければマイナスになる。こんな体験を一つでも持っておいても良いかもしれません。

0→1は何をやるにしても体力・気力・知力・資金力が必要ですが、1を2、3、4……にするのは会社員の得意分野ではないでしょうか。

0→1と1→2の違い——M&Aに挑戦して良かったこと

1．顧客、お取引先様が初めからいる

当然ですが事業をゼロからはじめる場合、お客様はいません。お取引先様もいません。まずどうやって認知してもらうかを考えますが、認知度を上げるには体力・気力・知力・資金力が必要になります。

全く無名の人が全く知らない事業をやるんです。社会からすれば無名の人が何かやっている。そのような会社に興味ありますか。初めから爆発する人はごく一握りでしょう。

例えばあなたが買おうとする物。アマゾンや楽天ランキングで1位を取っている会社の商品や、ユーザーが多い物ではないでしょうか。全国にたくさん拠点があり、テレビにもバンバン出ている。数々の実績がある。累計○個売れましたとか、芸能人の○○さんも使っていますとか、1分に○個売れていますとか。会社を起業した時点ではこのような説得はできませんよね。

取引先様も自分で見つけなければなりません。何社も電話をして価格やサービス、その会社の性質など含めたうえで契約してもらわなければなりません。

会社員時代は会社の歯車だと言っている人、思っている人、起業するとどうでしょう。自ら社会の歯車になっていかないといけないのです。会社を買うという場合はどうでしょう。顧客やお取引先様がいるアドバンテージは少なからずあると思います。

例えば私の場合ですとスタート段階のお客様は十数名程度でした。十数名と聞くと少ないと思いがちですが、0ではありませんし、過去を含めるとより多くの人に認知していただいています。この方々がいてくださったおかげで、まず売り上げが立ちます。赤字の額は減ります。それだけではありません。

口コミをしていただく場合もあります。ここのアドバンテージはまず一つ大きいものになります。実際にもともと在籍されていたお客様がお取引先様を紹介してくださり、今でも良いお付き合いをさせていただいています。

2．設備がある

ゼロから起業した場合すべてを自分で準備しなければなりません。例えば飲食店だとすべての機器を準備するのにいくらかかるでしょうか。

低く見積もって2000万円程度と言われています。1日いくら売り上げれば利益2000万円に到達するでしょう。まず飲食店の利益は設定で平均15％程度です（あくまで設定です。利益15％出すことも難しくなっており大手チェーン店でも赤字の店舗は出てきています）。2000万円を利益で回収しようと思ったら、単純に1億3000万円売り上げなければなりません。1年で1億3000万円を売ろうと思うと月1000万円以上売り続けなければいけません。

どうでしょうか。初めから設備がある状態で引き継いだほうが、リスクは低いと思います。

3. 過去データがある

何年も継続している会社は過去データが蓄積されています。これは会社を買ううえで**最も大きな利点**だと思います。ゼロの段階では何名様来店されるだとか、何部発注が来るとか全く分かりません。在庫の量の調整が難しいため過剰に発注してしまい、大量のロスを出してしまったり、在庫を低く見積もって機会損失に陥ったり。過去データがあるとないとでは失敗のリスクが違います。

私の場合は8カ月のみでしたが非常に役に立ちました。そこに合わせた即効性のある対策を打てるからです。例えば、広告を打とうと思った時に、1年間の体験レッスンを受ける人や入校者数の推移を見ました。それを踏まえたうえで、この時期に広告を打ったほうが効果的という結論に至ります（もちろん判断材料はそれだけではありませんが）。過去データや直近データ、環境の変化を踏まえたうえで方向性を打ち出す。これは会社員の得意技ではないでしょうか。

最後に実際にかかった項目をまとめます。

【Ｍ＆Ａ資金】

Ｍ＆Ａ金

敷金

Ｍ＆Ａ契約に関する弁護士費用

法人登記情報変更

Ｍ＆Ａ仲介手数料３％

「サラリーマンが小さな会社を買ってみました」

中田聡喜

『サラリーマンは300万円で小さな会社を買いなさい』の本に「サラリーマンの実はすごいOJT」という項目があります。サラリーマンの多くは、経営が安定した会社でのビジネス経験しかないが、それがメリットになる。経営の安定した大企業で「30年選手」であれば、その業種で30年もの経験の蓄積があり、成功例も失敗例も数多く見ている。さらに管理職経験もあれば組織マネジメントとしては大ベテラン。そうした経験は会社を経営するうえで大きなアドバンテージになるという内容です。

私はM&Aに挑戦する中で、まさにそれを実感しました。仕事ができる・できないの問題ではなく、会社員時代に覚えたことをそのまま行っているだけです。

今、私の基盤となるたくさんの考え方（自身のマナーから教育、マーケティングやマネジメントに至るまで）はすべて前職での会社員時代に教わったり経験したりしたことです。今は飲食業界ではないですが、英会話教室でも違う業種で働いても基本となる考え方は同じで、それをアレンジしてみたり次の対策アクションを考えたりします。

前職で目の前のことに１２０％で取り組んだ経験は大きかったです。また、会社の方々が支えてくれたことのありがたみを、今になって実感しています。たくさんの失敗と少しの成功体験が、経営の糧になっています。前職でお世話になった方々には本当に感謝しています。改めてお礼を言いたいです。

中田聡喜

あとがき

あとがきを書いているいまは新型コロナウイルス感染対策の真っ只中です。

私が受け継いだ会社もコロナ禍で営業は縮小させなければならなくなりました。緊急事態宣言時の売り上げは半分以下。もちろん赤字になってしまいました。生徒さんにはオフライン希望の生徒さんもオンラインでの受講をお願いし、先生にはレッスンが減ったことに頭を下げ、家賃の支払いは減額をお願いし、なんとか繋いでいただきました。

コロナ前に思っていた2020年とは全く違う2020年になりました。悲しい思いや悔しい思いをたくさんしました。何年ぶりか分からないですが涙した日もありました。この底知れぬ不安という心理的状況に付け入り、騙そうと寄ってくるような方も、残念ながらいらっしゃいました。

このような外的な状況はコントロールすることができません。ですから、これも勉強だと考えるしかありません。むしろこのような経験は買っても積めないものです。頭を冷やし、今までできていなかった部分や新しい物の見方を考え、実践する機会にしました。小さなことでいえば、キャッシュレス化です。売り上げの回収を完全キャッシュレスにしたいと前々から思ってはいましたが、現金が良いお客様もいらっしゃり、現金も取り扱っていました。それを今回のコロナを機に、完全キャッシュレスに移行しました。小さいことでも効率を求め、思い切って変えられたことはたくさんあります。

そして、このコロナ禍で何よりも感じたのは人の温かみでした。お互い大変な中、笑顔でレッスン形態変更に応じてくださったお客様、先生方、よりシビアな状況でも家賃の相談に応じてくださった会社様、全員が大変な中、暖かい言葉をたくさんかけてくださった周りの皆様に心から感謝しています。

最後になりますが、会社を買うという選択肢を発見させてくださった『サラリーマンは300万円で小さな会社を買いなさい』の著者である三戸政和さん、未熟な私に大切な会社を引き継ぐことを決めてくださった前オーナー様、私を育ててくださった前職の方々、この本の出版を手伝っていただいた担当編集の森谷さん、そしてこの本を手に取って拙い文章に最後まで付き合っていただいた読者の皆様、本当に感謝しています。ありがとうございました。

インスタグラム（satoki_nakata）で情報発信しています。よろしければご覧ください。これからも平凡なりにコツコツとやっていきますのでよろしくお願いいたします。

2021年3月吉日

中田聡喜

Special Thanks

濱　義剛
和田　司
林　　健
南里智大
小池博之

〈著者紹介〉
中田 聡喜（なかた さとき）
合同会社 4U International 代表。島根県浜田市出身。
1989 年生まれ。
大学で教職を専攻し教員を目指すが生徒に“生の企業体験を話したい”と思い一般企業への就職を決意。新卒で就職し 8 年間勤務。飲食店で店長からスタートし、50 店舗統括マネージャーまで至る。マネージャーとして店舗運営、人事、経理を行い、2018 年、個人で会社を M&A して事業経営に挑戦。

個人《こじん》 M&A のススメ

2021 年 4 月 20 日　第 1 刷発行

著　者　　中田 聡喜
発行人　　久保田貴幸

発行元　　株式会社 幻冬舎メディアコンサルティング
〒 151-0051　東京都渋谷区千駄ヶ谷 4-9-7
電話　03-5411-6440（編集）

発売元　　株式会社 幻冬舎
〒 151-0051　東京都渋谷区千駄ヶ谷 4-9-7
電話　03-5411-6222（営業）

印刷・製本　シナジーコミュニケーションズ株式会社
装　丁　　江草 英貴

検印廃止

ISBN 978-4-344-93365-1　C0095
幻冬舎メディアコンサルティング HP
http://www.gentosha-mc.com/